Arbeitstexte für den Unterricht

Anleitung zur Abfassung literaturwissenschaftlicher Arbeiten

Für die Sekundarstufe
zusammengestellt
und herausgegeben
von Kurt Rothmann

Philipp Reclam jun. Stuttgart

Universal-Bibliothek Nr. 9504
Alle Rechte vorbehalten
© 1973, 1991 Philipp Reclam jun. GmbH & Co., Stuttgart
Neu bearbeitete Ausgabe 1991
Gesamtherstellung: Reclam, Ditzingen. Printed in Germany 1997
RECLAM und UNIVERSAL-BIBLIOTHEK sind eingetragene Marken
der Philipp Reclam jun. GmbH & Co., Stuttgart
ISBN 3-15-009504-2

Inhalt

I. Wissenschaftliche Arbeit

1. Absicht dieser Anleitung

Selbständige Arbeit in dem gewählten Fach ist Wunsch und Ziel jedes Studierenden. Die Befähigung wird dazu nicht erst bei der Zulassungs- oder Diplomarbeit verlangt, sondern in beträchtlichem Maße bereits bei Übungs- und Seminararbeiten vorausgesetzt. Was den Lernenden allerdings oft entmutigt, sind weniger die Schwierigkeiten wissenschaftlicher Arbeit an sich als vielmehr der Umstand, daß an unseren überfüllten Schulen und Universitäten den Lehrern Zeit für frühzeitige persönliche Beratung in der Hodegetik[1] fehlt oder aber reine Formalia bewußt aus dem akademischen Unterricht ausgeklammert werden.[2] Der Student sieht sich dadurch genötigt, das Rüstzeug für die praktische Arbeit selbst zusammenzusuchen; und nicht selten geschieht es, daß er erst bei der Rückgabe einer korrigierten Arbeit erfährt, welche Anforderung, welches Hilfsmittel er doch noch unbeachtet gelassen hat. Dieses autodidaktische Risiko zu verringern und den Mut zur Selbständigkeit zu unterstützen ist die Absicht dieser Anleitung.

2. Wissen – Wissenschaft – Literaturwissenschaft

»Wissen heißt Erfahrungen und Einsichten haben, die subjektiv und objektiv gewiß sind und aus denen Urteile und Schlüsse gebildet werden können, die ebenfalls sicher genug erscheinen, um als Wissen gelten zu können.«

1. Anweisung für das Studium eines Wissensgebietes, zu griech. hodós, ›Weg‹, und hegéisthai, ›führen‹. Betonung auf der dritten Silbe.
2. Vgl. Hans Egon Hass im Geleitwort zu Georg Bangen: Die schriftliche Form germanistischer Arbeiten. Stuttgart: Metzler ⁵1968. Seite V: ». . . technische Fragen können – von gelegentlichen Hinweisen abgesehen – nicht Thema des akademischen Unterrichts sein.«

Wissenschaft ist »das nach Prinzipien geordnete Ganze der Erkenntnis (Kant); der sachlich geordnete Zusammenhang von wahren Urteilen, wahrscheinlichen Annahmen (Hypothese, Theorie) und möglichen Fragen über das Ganze der Wirklichkeit oder einzelne Gebiete oder Seiten derselben«.[3]

Literaturwissenschaft – das Wort benutzte zuerst Theodor Mundt in der Einleitung seiner *Geschichte der Literatur der Gegenwart* 1842 – ist »die gesamte systematische Wissenschaft von der Literatur, ihren möglichen Betrachtungsarten und Methoden zur Erschließung der Sprachkunstwerke entweder in ihrem Wesen als Dichtung (Dichtungswissenschaft) oder ihrer historischen Entwicklung und ihrem Lebenszusammenhang (Literaturgeschichte), neben der Sprachwissenschaft Unterabteilung der Philologie im weiteren Sinne, doch über die mehr sprachlich und volkskundlich ausgerichtete Germanistik hinausragend«.[4]

Diese drei Definitionen sollen hier am Anfang stehen, weil aus ihnen schon zum Teil abgeleitet werden kann, welche Anforderungen an wissenschaftliche Arbeiten gestellt werden müssen; nämlich:

a) bewußt objektive, sachorientierte Betrachtungsweise
b) systematische, methodische Auseinandersetzung mit dem Untersuchungsgegenstand
c) Vielfalt der Gesichtspunkte in der Untersuchung.

Das wissenschaftliche Ergebnis muß eindeutig, nachvollziehbar und nachprüfbar sein. Die Darlegung des Untersuchungsergebnisses verlangt klare Begriffe, sachliche Sprache und übersichtlichen Aufbau.

---

3. Georgi Schischkoff (Hrsg.): Philosophisches Wörterbuch. Begr. von Heinrich Schmidt. 20., neu bearb. Aufl. Stuttgart: Kröner 1978. S. 735.
4. Gero von Wilpert: Sachwörterbuch der Literatur. 5., verb. u. erw. Aufl. Stuttgart: Kröner 1969. S. 448. Nachfolgend zitiert als: Wilpert: Sachwörterbuch.

3. Vermögen der Hodegetik

Zur Erfüllung der strengen Forderungen wissenschaftlicher Arbeit kann die allgemeine Hodegetik nur teilweise beitragen. Das Bemühen um Objektivität zum Beispiel bleibt letztlich eine Frage der persönlichen Haltung; die Entscheidung in der Wahl der Methoden, Handgriffe der Materialauswertung und dergleichen mehr können nicht vom jeweiligen besonderen Gegenstand der Untersuchung getrennt behandelt werden.

Es gibt auch in der Literaturwissenschaft keine Universalmethode, so wenig wie es ein Rezept für die unentbehrliche Intuition, für Einfall und Phantasie gibt.

Das heißt, nicht eigentlich Problemlösungstechnik, nicht theoretische Denkschulung, sondern nur die äußerliche Technik praktischer Arbeitsverfahren, die sich in gewissen Grenzen verallgemeinern läßt, kann hier geboten werden: die handwerkliche Seite. Das muß gesagt sein, damit niemand erwartet, den Stein des Weisen zu finden.

4. Arten schriftlicher Arbeiten

Die geläufigsten Formen schriftlicher Arbeiten an den Hochschulen nennen und beschreiben Geiger, Klein und Vogt folgendermaßen:

»Protokoll

Im Protokoll werden Verlauf und/oder Ergebnis einer Diskussion (Seminarsitzung usw.) festgehalten. Man unterscheidet deshalb zwischen *Verlaufs-* und *Ergebnisprotokoll.* Das erste wird versuchen, den Gang einer Diskussion *nachzuzeichnen* und die unterschiedlichen Positionen der Beteiligten herauszuarbeiten. Das zweite beschränkt sich darauf, die gesicherten Resultate (auch Abmachungen, Entscheidungen) einer Debatte zu *resümieren.* Das Ergebnisprotokoll wird also stets wesentlich kürzer ausfallen und auf Details weitgehend verzichten. –

Im Studienbetrieb dient das Protokoll hauptsächlich dazu, gewisse Veranstaltungen zu dokumentieren (ein späteres Rückgreifen auf die vergangenen Diskussionen usw. wird dadurch möglich). Innerhalb eines Seminars gewährleistet ein jeweils zum Sitzungsbeginn verlesenes oder vorgelegtes Protokoll die notwendige Arbeitskontinuität (Anknüpfen an die letzte Sitzung).

Thesenreferat

Das Thesenreferat oder -stenogramm ist seiner Konzeption nach dem Protokoll verwandt. Nur bezieht es sich nicht auf eine Diskussion, sondern auf einzelne Aspekte oder Positionen der Quellen bzw. der Sekundärliteratur – oder auf systematische, aber sehr begrenzte Fragestellungen. Es kann dabei einmal dem Ergebnisprotokoll, ein anderes Mal dem Verlaufsprotokoll näherstehen. Im ersten Fall wird z. B. die methodische Position eines Forschers kurz resümiert; im anderen wird dagegen der Aufbau und die Argumentationsführung einer speziellen Arbeit schrittweise – wenn auch komprimiert – nachgezeichnet.

Thesenstenogramme ersetzen in der hochschuldidaktischen Praxis immer stärker die traditionelle Form des ›großen‹ Referats (vgl. unten). Diesem gegenüber zeichnet sich das Thesenreferat unter folgenden Aspekten aus:

1. Es überfordert den Studierenden nicht durch eine weitgespannte systematische Aufgabe, sondern regt durch eine präzise Fragestellung die vertiefte Erarbeitung eines wenn auch begrenzten Gebietes an.

2. Es läßt sich besser in Studienveranstaltungen integrieren und schafft eine günstige Verbindung von Eigenstudium und Gruppendiskussion. Wegen seiner Kürze kann es sowohl jedem Teilnehmer vorgelegt werden (Vervielfältigung) als auch mündlich vorgetragen werden, ohne die Zuhörer zu ermüden (– was beim großen Referat kaum zu vermeiden ist). Die Diskussion gewinnt andererseits

dadurch, daß die Thesen als qualifizierte Diskussionsbeiträge eingebracht werden (besonders günstig: mehrere sich ergänzende oder kontrastierende Thesenreihen in einer Sitzung).

3. Es kann als effektives Training *mündlichen Vortrags* verstanden werden – und zwar nicht nur, weil es selbst u. U. mündlich vorgetragen wird. Bereits die Erarbeitung einer Thesenreihe erfordert die Fähigkeit, vorgegebenes Material kritisch auszuwerten und schließlich verkürzt, aber nicht verfälschend wiederzugeben. Die gleiche Fähigkeit ist u. a. für mündliche Prüfungen von manchmal ausschlaggebender Bedeutung.

›Paper‹

Mit neuen hochschuldidaktischen Erwägungen entstehen auch neue Typen schriftlicher Arbeit. So wird neuerdings recht häufig der englische Begriff ›paper‹ verwendet. Er bezeichnet Arbeitsmaterialien, die einer Studienveranstaltung (Vorlesung, Seminar, Gruppenarbeit) zugrunde gelegt werden oder aus einer solchen Veranstaltung resultieren. Beispiele: Ein Dozent legt allen Teilnehmern seiner Vorlesung ein ›paper‹ vor, das Verständnis und Mitarbeit der Studenten erleichtern soll. Oder eine Studentengruppe, die im Rahmen eines Seminars Teilfragen selbständig bearbeitet hat, berichtet in einem ›paper‹ dem Gesamtseminar (Plenum) über die Ergebnisse, den Verlauf und die ungelösten Probleme der Gruppenarbeit.

Das ›paper‹ selbst kann aus mehreren unterschiedlichen Bestandteilen in loser Anordnung bestehen: z. B. Primärtexte (Quellen), Auszüge aus der Sekundärliteratur, Literaturhinweise (Bibliographie), Gliederungen (besonders bei einem Vorlesungs-›paper‹), Protokolle einzelner Diskussionen, Thesen und Ergebniszusammenfassungen.

In jedem Fall ist das ›paper‹ eine sehr offene, als vorläufig zu verstehende Dokumentationsform: ein Arbeits*mittel* im genauen Sinn des Wortes. Man wird (vor allem in formaler Hinsicht) deshalb weniger strenge Anforderungen stellen als an ein Referat oder eine Examensarbeit (lockerer Aufbau, vorläufige Formulierungen usw.).

Unbedingt erforderlich ist allerdings, daß das ›paper‹ vervielfältigt und jedem Teilnehmer zur Verfügung gestellt wird.

Referat – Examensarbeit – Dissertation

Die traditionelle Form der schriftlichen Arbeit ist das Referat, das der Studierende meist im Zusammenhang eines Seminars anfertigt. Nach Art und Anlage ist es bereits eine wissenschaftliche Publikation, nur im verkleinerten Maßstab: gefordert ist im allgemeinen die erschöpfende Bearbeitung eines speziellen Themas, besonders aber die Aufarbeitung der einschlägigen Sekundärliteratur. Das Referat umfaßt in der Regel zehn bis zwanzig, manchmal auch mehr Seiten und hat auch äußerlich-formal den erhöhten Ansprüchen, die man an eine wissenschaftliche Publikation stellt, zu genügen (Gliederung, Formulierung, Zitierweise usw.).

Aus hochschuldidaktischer Sicht ergeben sich heute jedoch gegenüber dem Referat bestimmte Bedenken: der Student wird einerseits durch die gestellte Aufgabe (Literatur-Aufarbeitung) oft überfordert; zum anderen ist das Referat eine einsame und der Kommunikation schwer erschließbare Arbeitsform. Typisch ist etwa der ermüdende Vortrag eines Referats in der Seminarsitzung, durch den die Diskussionszeit stark beschnitten wird und keine lebhafte Debatte aufkommen kann, weil die Zuhörer dem Referenten, der auf seinem Gebiet einen beträchtlichen Informationsvorsprung hat, oft ›ausgeliefert‹ sind. Immer mehr wird das Referat daher durch die genannten Formen des ›paper‹ oder ›Thesenstenogramms‹ ersetzt. Diese letzte Form bedeutet zugleich eine Rückbesinnung auf die ursprüngliche Bedeutung von ›Referat‹ (referieren = über etwas bereits Vorgeformtes berichten, z. B. über ein Werk der Sekundärliteratur).

Trotz dieser Bedenken wird man auf die traditionelle Form des Referats nicht völlig verzichten können. Sein größter

Nutzen liegt wohl darin, daß es die Darstellungsformen einübt, die zum Studienabschluß in der Examensarbeit, Doktorarbeit usw. verlangt werden. Diese Arbeiten sollen den Nachweis erbringen, daß der Verfasser entweder eine wissenschaftliche Fragestellung selbständig und unter Auswertung der Forschungsliteratur darstellen und lösen kann (Staatsexamensarbeit) oder daß er wichtige neue Fragestellungen formuliert und einen substantiellen Beitrag zur Forschung leistet (Doktorarbeit).«

(Heinz Geiger, Albert Klein u. Jochen Vogt: Hilfsmittel und Arbeitstechniken der Literaturwissenschaft. Düsseldorf: Bertelsmann 1971. S. 70–73.)

5. Schritte bei der Abfassung einer größeren schriftlichen Arbeit

Da es leichter ist, ein ausführliches Verfahren zu vereinfachen, als ein skizzenhaftes zu vervollständigen, sollen hier im Fortgang die letztgenannten, anspruchsvolleren Formen, Referat, Examensarbeit und Dissertation, zum Maßstab dienen. Die Reihe der Arbeitsschritte zu ihrer Abfassung besteht mit geringen Abwandlungen in folgenden Punkten:

I. Vorüberlegungen
   1. Wahl des Themas. Bedenken der Themaformulierung und der Themabegriffe
   2. Erste Handbuchkonsultation
   3. Aspektsammlung, Bearbeitungsmöglichkeiten
   4. Abgrenzung des Themas; Definition der eigenen Arbeit
   5. Wahl der Methoden, Verfahren; Projektion der Ordnungsbegriffe
   6. Aufstellen eines Arbeitsplanes mit Terminen

II. Materialsuche und Materialaufbereitung
1. Literatursuche (Bibliographie) und Beschaffung
2. Auswahl und Studium der Literatur
3. Materialsammlung (Markieren, Ablichten, Exzerpieren, Notieren usw.)
4. Materialordnung (vorläufig, äußerlich)

III. Materialbearbeitung
1. Gliederung (innere Ordnung)
2. Auswertung der eigenen Beobachtungen, Erhebungen usw., Diskussion fremder und eigener Gedankengänge, Schlußfolgerungen und Formulierung der Ergebnisse im Zusammenhang einer ersten Niederschrift

IV. Manuskriptgestaltung
1. Stilistische Überarbeitung der ersten Niederschrift
2. Anfertigung eines formgerechten Maschinenmanuskripts
3. Ergänzung des Maschinenmanuskripts durch Titelblatt, Vorwort, Inhaltsverzeichnis, Literaturverzeichnis, Abkürzungs- und Abbildungsverzeichnis, Materialanhänge und dergleichen

V. Überprüfung
1. Korrekturlesen, Berichtigung der Tippfehler, Vereinheitlichung der Abkürzungen
2. Überprüfung der Zitate und der Quellenangaben

Die einzelnen Punkte, die hier um der Deutlichkeit willen nacheinander aufgeführt sind, werden, wie zum Beispiel die Einzelpunkte der »Vorüberlegungen«, bei der Arbeit nahezu gleichzeitig ins Auge gefaßt. Den Arbeitsplan mit den Terminen behält man ständig im Blick; auch das Problem der Gliederung wird nicht immer in einem Arbeitsvorgang zu lösen sein. Materialsammlung, -ordnung und -auswertung müssen mitunter ganz organisch ineinandergreifen. Das heißt, die Abwicklung der Arbeit verlangt meist größere Beweglichkeit als dieses Schema, das nur dem Überblick dienen soll, zeigen kann.

II. Vorüberlegungen

1. Wahl des Themas

Wenn man nicht aus Übereilung in Abenteuer, auf Irrwege oder in Sackgassen geraten will, lohnt es sich, am Anfang einer größeren Arbeit in aller Ruhe zu überlegen, worauf man sich mit der Übernahme des Themas einläßt. Sofern es sich nicht um eine Prüfungsarbeit handelt und die Wahl des Themas freisteht, stelle man vor dem eigentlichen Arbeitsbeginn möglichst genau fest:

a) Interessiert mich die Sache, daß ich gern einige Mühe dafür auf mich nehme? (Die Liebe zur Sache beflügelt und ist nur schwer durch Willenskraft und Selbstdisziplin zu ersetzen.)

b) Ist die Aufgabe klar, das Thema konkret oder vage?

c) Ist der gesteckte Rahmen weder zu weit noch zu eng? Darf ich ihn nötigenfalls ändern?

d) Bietet sich der Bearbeitung genug, aber nicht zuviel Stoff? (Letzteres besonders im Hinblick auf die verfügbare Zeit.)

e) Kann ich bei der Arbeit auf eigene Erfahrungen zurückgreifen? – Wie vergleichen sich meine Kenntnisse und Kräfte mit der mutmaßlichen Schwierigkeit und dem Umfang der geplanten Arbeit?

f) Wie steht es überhaupt mit der Durchführbarkeit dieser Arbeit? Was ist der Forschungsstand? Ist das Problem nicht schon bearbeitet? Gibt es viel, wenig oder keine Literatur darüber? Handelt es sich vielleicht um ein Modethema, auf das sich zur Zeit jeder verlegt? Sind mir die Unterlagen und Beiträge, die es zu diesem Thema gibt, zugänglich?

g) Bei einer Dissertation sind künftige Berufsziele mit zu berücksichtigen; denn es ist üblich, junge Bewerber weitgehend mit dem Thema ihrer Dissertation zu identifizieren. Man sollte auch nicht versäumen, die Verzeichnisse der im Entstehen begriffenen Dissertationen und Habilitationsschriften auf dem Gebiete der Germanistik einzusehen. – Vgl. in der Titelliste der bibliographischen Hilfsmittel S. 37 ff. die Nummern 110 bis 114.

2. Aspektsammlung

Über solche Fragen arbeitet man sich langsam an das Thema heran. Manchmal lohnt es sich, zunächst erst alle eigenen Gedanken, Ideen und Bearbeitungsaspekte und was einem sonst zum Thema einfällt, aufzuschreiben und zu sammeln. Dann befragt man die ersten Handbücher, um sich der Definitionen aller Begriffe zu versichern, die mit dem Thema zusammenhängen, und um Abgrenzungs- und Erweiterungsmöglichkeiten abzuschätzen.

Falls die selbständige Diskussion und Bestimmung eines Grundbegriffes den Rahmen der eigenen Untersuchung sprengen würde, andererseits in anerkannten wissenschaftlichen Werken eine unbestrittene Definition, der man zustimmt, vorliegt, kann man darauf zurückgreifen. Auf eine solche Hypothek muß allerdings in der Einleitung hingewiesen werden. Ebenso nennt und begründet man in der Einleitung die Abgrenzung des Themas und die Wahl der Bearbeitungsmethoden.

3. Methode

Methode heißt zunächst planmäßiges Vorgehen. Der französische Philosoph René Descartes (1596–1650) reduzierte in seiner *Abhandlung über die Methode* (1637) die zahlreichen Regeln der Logik für sich auf vier Grundregeln:

»Die *erste* war: niemals eine Sache als wahr anzunehmen, die ich nicht als solche sicher und einleuchtend erkennen (évidemment connaître; certo et evidenter cognoscere) wür-

14

le, das heißt sorgfältig die Übereilung und das Vorurteil zu vermeiden und in meinen Urteilen nur soviel zu begreifen, wie sich meinem Geist so klar und deutlich (clairement et distinctement; clare et distincte) darstellen würde, daß ich gar keine Möglichkeit hätte, daran zu zweifeln.

Die *zweite*: jede der Schwierigkeiten, die ich untersuchen würde, in so viele Teile zu zerlegen (diviser) als möglich und zur besseren Lösung wünschenswert wäre.

Die *dritte*: meine Gedanken zu ordnen; zu beginnen mit den einfachsten und faßlichsten Objekten und aufzusteigen allmählich und gleichsam stufenweise bis zur Erkenntnis der kompliziertesten, und selbst solche Dinge irgendwie für geordnet zu halten, von denen natürlicherweise nicht die einen den anderen vorausgehen.

Und die *letzte*: überall so vollständige Aufzählungen und so umfassende Übersichten zu machen, daß ich sicher wäre, nichts auszulassen.«

(René Descartes: Abhandlung über die Methode des richtigen Vernunftgebrauchs und der wissenschaftlichen Wahrheitsforschung. Ins Deutsche übertr. von Kuno Fischer. Stuttgart: Reclam 1961. Reclams UB Nr. 3767. S. 18 f.)

Da aber die Methode aufs engste mit dem Fach verbunden ist und ihre Wahl meist vom Untersuchungsgegenstand abhängt, können diese sehr allgemeinen Ratschläge nicht das Studium der facheigenen Methoden ersetzen.

Eine facheigene Methode der Sprach- und Literaturwissenschaft ist seit alters her die Hermeneutik. Das *Philosophische Wörterbuch* erklärt:

»Hermeneutik (vom griech. *hermeneutiké [techne]*, ›Kunst der Auslegung‹), Verdolmetschungskunst, Erklärungskunst (Hermes war in der griech. Mythologie der Vermittler zw. Göttern und Menschen). Die H. war die besond. Methode der klass. Sprachwissenschaft, um alte Literaturdenkmale sinngemäß auszulegen. Bes. durch die Arbeit der sog. Hi-

15

storischen Schule im 19. Jh., seit Schleiermacher, wurde sie die spezifische geisteswiss. Methode. Sie ist die Lehre vom Verstehen, vom wiss. Begreifen geisteswiss. Gegenstände. Die Bedeutung der H. erkannt zu haben, kommt vor allem Dilthey zu. Heidegger nennt H. die von ihm in *Sein und Zeit* durchgeführte Phänomenologie des Daseins.«

(Georgi Schischkoff, Hrsg.: Philosophisches Wörterbuch. Begr. von Heinrich Schmidt. 20., neu bearb. Aufl. Stuttgart: Kröner 1978. S. 266.)

Als Überblick über die bisher in der Literaturwissenschaft angewandten Prinzipien und Methoden bietet Ivo Braak folgende Tafel:

1. Psychologisch-biographische Gruppe

Ganzheits-psychologisch (*Dilthey*)	Tiefen-psychologisch (*Freud*)	Biographische Methode der gemäßigten Richtung (*Martini, Ermatinger*)	Biographische Methode der extremen Richtung (*Gundolf*)

2. Soziologische Gruppe

Sozial-psychologisch (*Brüggemann, Wiegand*)	Soziologisch (*Schücking, Hauser*)	Ethnologisch (*Bartels, Nadler*)	Marxistisch (*Mehring, Lukács*)

3. Ideengeschichtliche Gruppe

Ideen- oder problem-geschichtlich (*Unger, Korff*)	Vergleichend-weltliterar-geschichtlich (*F. Strich, Wais*)	Kulturgeschichtlich (*Walzel, Cysarz*)

4. Stilgeschichtliche Gruppe

Stilgeschichtlich in weiterem Sinn *(F. Strich, W. Schneider, Böckmann)*	Stilgeschichtlich in engerem Sinn, gattungsgeschichtlich *(G. Müller, Viëtor)*

5. Linguistische Gruppe

Strukturalistisch *(Bierwisch, Baumgärtner)*	Statistisch *(Fucks, Kreuzer)*	Informationsästhetisch *(Bense, Gunzenhäuser, v. Cube)*

(Ivo Braak: Poetik in Stichworten. Literaturwissenschaftliche Grundbegriffe. Eine Einführung. 3., neubearb. Aufl. Kiel: Hirt 1969.
S. 23.)

Zur weiteren Orientierung sei auf die Literatur bei Braak, S. 24, verwiesen, auf die Stichwörter ›Literaturwissenschaft‹ und ›Literaturgeschichte‹ in Gero von Wilperts *Sachwörterbuch der Literatur* und auf die Titel zur Theorie und Methode der Literaturwissenschaft in Johannes Hansels *Bücherkunde für Germanisten* (8. Aufl. der Studienausgabe, S. 33).

Brauchbar für eine gründliche Auseinandersetzung mit literaturwissenschaftlichen Methodenfragen ist auch: *Methodendiskussion*. Arbeitsbuch zur Literaturwissenschaft. Hrsg. von Jürgen Hauff [u. a.]. 2 Bde. Frankfurt a. M.: Athenäum-Verlag 1971.

Eine kürzere, leicht lesbare Einführung in die positivistische, geistesgeschichtliche, phänomenologische, existentielle, morphologische, soziologische und statistische Methode auf 100 Seiten bietet Manon Maren-Grisebach: *Methoden der Literaturwissenschaft*. München: Francke ³1973. [Zuerst 1970.] (Uni-Taschenbücher. Bd. 121.)

4. Arbeitsplan

Sind Arbeitsziel und -methoden einmal bestimmt, empfiehlt es sich, den Weg zum Ziel durch einen Arbeitsplan – etwa nach dem Muster auf Seite 11 – in Einzelschritte mit großzügig gesetzten Terminen aufzugliedern, um daran laufend den Fortgang der Arbeit überwachen zu können. (Wie schnell man liest, denkt und schreibt, kann man durch Selbstbeobachtung herausfinden; die individuellen Werte solcher Leistungen sind verhältnismäßig konstant.)

Bei der Arbeitseinteilung ist allerdings zu berücksichtigen, daß man sich nicht zuviel vornimmt. Gelegentlich wird man durch andere Arbeiten abgehalten, ist gesundheitlich indisponiert oder stößt auf unvorhergesehene Probleme. Wenn der Plan nicht entmutigen, sondern Erfolgserlebnisse vermitteln soll, muß er in jedem Teil zeitlich gut erfüllbar sein und reichlich Luft für Erholungspausen lassen. Das angemessene Pensum sollte aber unbedingt pünktlich erledigt werden. Jeder Aufschub hat Konsequenzen und schafft am Ende den Druck der Zeitnot.

III. Bücherkunde

1. Primär- und Sekundärliteratur

Der Gegenstand literaturwissenschaftlicher Beschäftigung ist fast ausnahmslos in Büchern niedergelegt. Darum ist Bücherkunde in der Literaturwissenschaft eine unabdingbare Voraussetzung für jede Arbeit.

Bereits beim Lesen der Quelle, der Primärliteratur, muß man wissen, ob der Text die ursprüngliche Orthographie und Interpunktion bietet, ob wenigstens der Lautstand gewahrt ist, welcher Lesart der Text folgt, welche wichtigen Varianten es gibt usw. Wer diese Fragen nicht klärt, läuft Gefahr, statt des Autors einen Herausgeber oder gar den Druckfehlerteufel zu interpretieren. Diese Gefahr ist größer, als der Anfänger glauben möchte, denn auch korrumpierte Texte zeigen ein makelloses Druckbild.

Wo immer man mit der eigenen Arbeit beginnt, andere haben vor uns gedacht und geschrieben; an den Ergebnissen darf man nicht vorbeigehen. Es wäre denkbar, daß es zu der Frage, die man bearbeitet, bereits eine kluge Antwort gibt. Wie soll sich die herumsprechen, wenn jeder, ohne vom anderen zu wissen, von vorn anfängt? Selbst eine falsche Antwort oder eine Teilantwort kann anregend sein: man knüpft an, widerlegt, wandelt ab und führt fort. Denken ist dialektisch; in die laufende Diskussion kann sich aber nur der einschalten, der die Beiträge, die von wissenschaftlicher Bedeutung sind, kennt; das heißt in diesem Fall, wer sich in der Sekundärliteratur zurechtfindet und zu seinem besonderen Problem die einschlägige Literatur systematisch und möglichst vollständig auffindet.

2. Bibliographien

Das Hilfsmittel für die Orientierung in der Primär- und Sekundärliteratur sind die Handbücher, vor allem aber die gedruckten Bücherverzeichnisse, die Bibliographien. Nach dem Inhalt unterscheidet man:

a) *Allgemeinbibliographien.* Verzeichnen jedwedes Buch, das in dem Zeitraum, über den die Bibliographie berichtet, gedruckt wurde oder verfügbar war. Zum Beispiel die *Deutsche Nationalbibliographie,* bearbeitet und herausgegeben von der Deutschen Bücherei, Leipzig 1931 ff.; oder die *Deutsche Bibliographie,* wöchentliches Verzeichnis bzw. Halbjahresverzeichnis, Frankfurt a. M. 1947 ff. bzw. 1951 ff.

b) *Fachbibliographien.* Enthalten nur das Schrifttum eines bestimmten Faches. Zum Beispiel Karl Goedeke *Grundriß zur Geschichte der deutschen Dichtung.* Dresden: Ehlermann 1884 ff. (Vgl. Nr. 3 und 4 der Titelliste auf Seite 37 ff.)

c) *Gesamtbibliographien.* Führen Titel auf, die den gesamten Fachbereich betreffen. Zum Beispiel die *Germanistik.* Internationales Referatenorgan mit bibliographischen Hinweisen. Hrsg. von T. Ahlden [u. v. a.]. Tübingen: Niemeyer 1960 ff. (Titelverzeichnis Nr. 24.) Hier finden sich Titel der deutschen Sprach- sowie der deutschen Literaturwissenschaft.

d) *Sonderbibliographien.* Widmen sich besonderen Teilgebieten, Epochen, Gattungen oder einzelnen Dichtern. Zum Beispiel die Personalbibliographien zu Goethe von Hans Pyritz oder zu Schiller von Wolfgang Vulpius. Heiner Schmidts *Bibliographie zur literarischen Erziehung.* Gesamtverzeichnis von 1900 bis 1965. Zürich: Benziger 1967. Oder Reinhard Schlepper: *Was ist wo interpretiert?* Eine bibliographische Handreichung für den Deutschunterricht. Paderborn: Schöningh 1970 [u. ö.].

e) *Auswahlbibliographien.* Verzeichnen das Schrifttum nicht vollständig, sondern beschränken sich etwa auf deutschsprachige Veröffentlichungen oder Buchveröffentlichungen und lassen fremdsprachige Beiträge oder Zeitschriftenaufsätze, Rezensionen usw. unberücksichtigt.

Nach der Erscheinungsweise unterscheidet man abgeschlossene oder retrospektive Bibliographien und laufende oder periodische Bibliographien.

Die *abgeschlossenen Bibliographien* arbeiten nach Möglichkeit die gesamte Literatur eines Fachbereiches oder Themas retrospektiv, das heißt rückblickend, von den Anfängen bis zur Gegenwart ihres Erscheinens auf. Vom Erscheinen an, genauer gesagt, vom Ende des letzten Berichtsjahres an, veralten diese Bücherverzeichnisse, deren Vorzug die Vollständigkeit der Titelsammlung bis zu einem bestimmten Zeitpunkt ist. Zum Beispiel wieder Karl Goedekes *Grundriß zur Geschichte der deutschen Dichtung.*

Die *laufende oder periodische Bibliographie* ist die logische Ergänzung zur retrospektiven Bibliographie. Die laufende Bibliographie beginnt nicht bei den Anfängen der jeweiligen Literatur, sondern zu einem willkürlichen Zeitpunkt[1] und berichtet von da an fortlaufend, meist in regelmäßigen Abständen, was je in der Zwischenperiode an Neuem veröffentlicht wurde. Zum Beispiel wieder die *Germanistik.*

Wichtig ist zu wissen, daß nicht jede Bibliographie selbständig in Buchform erscheint. Viele spezielle Titellisten sind als unselbständige Anhangbibliographien wissenschaftlicher Werke ›versteckt‹.

Auch die Anlage der einzelnen Bibliographien ist sehr verschieden. Kleinere Anhangbibliographien sind oft nur alphabetische Titellisten. Die großen, selbständigen Bibliographien ordnen ihr Material meist systematisch nach Sachgebieten und geben alphabetische Querverweise in besonderen Registern. Die sogenannten räsonierenden Bibliogra-

. meist da, wo eine größere abgeschlossene Bibliographie endet.

phien führen nicht nur Titel auf, sondern würdigen die be
deutenderen Werke zugleich in einer Rezension. Die Lite
ratur- und Forschungsberichte stellen die Titel sogar in ei
nen zusammenhängenden Text.

Eine Beschreibung dieser Bücher kann die Erfahrung mi
ihnen nicht ersetzen. Als Leitfaden für die selbständige Ein
arbeitung in die Bücherkunde stehen insbesondere zwe
Handbücher bereit: Hansels *Bücherkunde* und Raabes *Ein
führung in die Bücherkunde.*

3. Planmäßiges Sammeln von Literatur in fünf Stufen
[Hansel]

Hansels Studienausgabe der *Bücherkunde für Germanisten*
8., neubearbeitete Auflage von 1983, ordnet 1254 Titel so
daß man mit ihrer Hilfe in fünf Schritten die Literatur z
einem gewählten Thema systematisch auffinden kann
Hansel erklärt:

»Die Bibliographien erweisen sich als beste Hilfsmittel
wenn sie nicht wahllos, sondern in einer zweckmäßige
Reihenfolge angegangen werden. Um für ein Arbeitsthem
das einschlägige Schrifttum bis zum neuesten Stand de
Forschung möglichst vollständig zu erfassen, ergeben sic
beim Sammeln folgende fünf Stufen:

Erste Stufe. Es liegt nahe, zunächst solche Werke nachzu
schlagen, die uns in den Gesamtbereich oder in Sonderge
biete unseres Faches einführen: Handbücher, Reallexika
Literaturgeschichten usw. Im allgemeinen vermitteln di
grundlegenden *Darstellungen zur Sprach- und Literatur
wissenschaft* einen ersten bibliographischen Zugang, inden
sie zumeist in Anmerkungen oder bibliographischen An
hängen mehr oder weniger reichhaltig Spezialschrifttum
verzeichnen.

Zweite Stufe. Ergiebiger wird der Literaturnachweis, wen
wir zu den *abgeschlossenen Fachbibliographien* greifen, di

selbständig erschienen sind, und sodann den ›versteckten‹ Titellisten und Forschungsberichten nachgehen. [...]

Dritte Stufe. Weiterhin schöpfen wir die letzten Jahrgänge der *periodischen Fachbibliographien* aus: die umfassenden Jahresberichte und die laufenden Sonderbibliographien zu einzelnen Epochen, Gattungen, Dichtern usw. Auf diese Weise kommen wir – von Jahr zu Jahr – dem neuesten Forschungsstand immer näher.

Vierte Stufe. Darüber hinaus überprüfen wir die zuletzt erschienenen *periodischen Allgemeinbibliographien,* soweit sie – kurzfristig – auch für unser Fach jeweils das jüngste Schrifttum verzeichnen: im besonderen die Neuerscheinungen des Buchhandels, die Dissertationen der letzten Jahre sowie die neuesten Zeitschriftenaufsätze.

Fünfte Stufe. Abschließend: Überblick über den neuesten Stand der Forschung durch das ständige Studium der *Zeitschriften,* die mit ihren Originalbeiträgen die neuesten Ergebnisse liefern, zugleich auch mit dem Besprechungsteil sowie mit der Anzeige der wichtigsten Neuerscheinungen die Aufgabe einer auswählenden, kritischen Bibliographie erfüllen.«

(Johannes Hansel: Bücherkunde für Germanisten. Studienausgabe. 8., neubearb. Aufl.
Berlin: Schmidt 1983. S. 18.)

Diesen fünf Stufen entsprechend ist Hansels *Bücherkunde* aufgebaut. Besonders Kapitel I, Darstellungen zur Sprach- und Literaturwissenschaft, bietet eine ausgezeichnete Liste der wichtigsten Handbücher, mit denen man versuchen sollte, nach und nach bekannt und vertraut zu werden.

4. Bibliographischer Überblick in Tabellenform
[Raabe]

Raabes *Einführung in die Bücherkunde zur deutschen Literaturwissenschaft* versucht, es dem Anfänger leichter zu machen, indem sich das Buch auf etwa 300 Titel beschränkt und in einem praktischen Teil an Hand eines Satzes von 13 Tabellen graphisch vorführt, »wie man die Hilfsmittel bei bestimmten Fragen nebeneinander benutzt und zur gegenseitigen Ergänzung heranzieht«[2]. Die »bestimmten Fragen«, von denen der Literatursuchende ausgeht, führt Raabe auf vier »Hauptfragen« zurück:

»a) Wie ermittle ich Veröffentlichungen eines Autors? (= Bibliographieren gedruckter Quellen)

b) Wie ermittle ich Veröffentlichungen über ein literaturwissenschaftliches Problem oder einen Autor? (= Bibliographieren von Sekundärliteratur)

c) Wo informiere ich mich auf schnellstem Wege über literaturwissenschaftliche Probleme, Fakten, Realien? (= Nachschlagen von Realien)

d) Wie stelle ich biographische Angaben zu einem Autor fest? (= Ermittlung biographischer Angaben)«

> (Paul Raabe: Einführung in die Bücherkunde zur deutschen Literaturwissenschaft. 10., unveränderte Aufl. Stuttgart: Metzler 1984. S. 59.)

Da im Rahmen dieser Anleitung die Bedeutung der Bücherkunde nur hervorgehoben, nicht aber ihr gründliches Studium selbst schon betrieben werden kann, muß es genügen, wenn hier ein an Raabe orientierter, aber vereinfachter tabellarischer Überblick über die bibliographischen Hilfsmittel mit einer dazugehörigen Titelliste gegeben wird. Es sei aber daran erinnert, daß die schnelle Antwort leicht zur flüchtigen Antwort wird und daß in der Literaturwissenschaft viel von der Sorgfalt der Arbeit abhängt; darum ist es nicht geraten, die Bücherkunde mit diesen skizzenhaften Bemerkungen ein für allemal auf sich beruhen zu lassen.

2. Raabe: Bücherkunde. S. 37 ff.

5. Tabellarischer Überblick über die bibliographischen Hilfsmittel zur deutschen Literaturwissenschaft[3]

[Tab. 1]

a) Bibliographieren gedruckter Quellen (Primärliteratur)

Buchveröffentlichungen

Zeit	Titel (in angegebener Reihenfolge zu konsultieren)										
Mittelalter	65	6	9	3	43	44					
16. Jh.	65	6	9	3	70	46	37	28			
17. Jh.	65	6	9	5	3	38	28	70	95	90	
1700–70	65	6	9	5	3	28	71				
Goethezeit	65	6	9	5	3	29	71	72	41	74	42
19. Jh.	65	68	6	9	5	4	30	71	72	73	42
seit 1880	65	68	6	9	5	32	33	26	34	35	75–82

Zeitschriftenbeiträge

18. Jh.	65	68	6	9	3		
Goethezeit	65	68	6	9	3	29	60	61
19. Jh.	65	68	6	9	4	62	
20. Jh.	65	68	6	9	55	54	56

3. Die Nummern in den Tabellen beziehen sich auf die Titelliste, S. 37 ff.

[Tab. 2]

b) Bibliographieren von Sekundärliteratur
(Literatur über einen Autor oder zu einem literaturwissenschaftlichen Problem)[4]

Periodische Bibliographien

Berichts-zeit	Titel	für die ältere dt. Literatur	für die neuere dt. Literatur
1750		72 ff.	72 ff.
1861		86	86
1862	11		
1879	14		
1880			
1884			13 · · · 12
1888			
1890			16
1896			
1914			17
1915			
1918			
1920			18
1921		21	19 · · · 21
1922			
1925			22
1929		23	23
1939			
1940	15		15
1942			
1944			
1945		7 20	7 20
1960		24	24
1969			
1970	↓	↓ ↓ ↓	↓ ↓ ↓ ↓

4. Die senkrechten Linien geben hier wie in den folgenden Tabellen die Berichtszeiträume an. Gelegentlich verweisen Querstriche auf beachtenswerte Daten, die in der Titelliste (S. 37 ff.) erklärt werden.

[Tab. 3]

Bibliographien zu allgemeinen Problemen

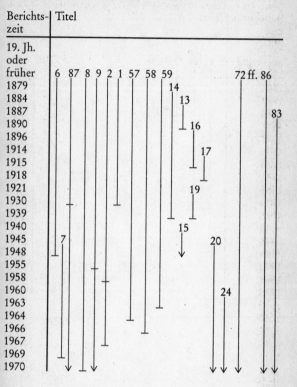

Berichts-zeit	Titel

[Tab. 4]

Sekundärliteratur zum Mittelalter

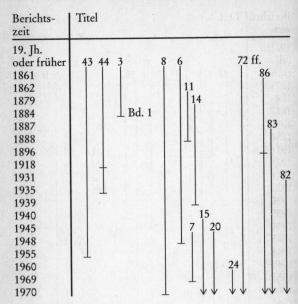

Berichts-zeit	Titel
19. Jh. oder früher	43 44 3 8 6 72 ff.
1861	86
1862	11
1879	14
1884	Bd. 1
1887	83
1888	
1896	
1918	
1931	
1935	82
1939	
1940	15
1945	7 20
1948	
1955	
1960	24
1969	
1970	

[Tab. 5]

Sekundärliteratur zum 16. Jahrhundert

Berichts-zeit	Titel

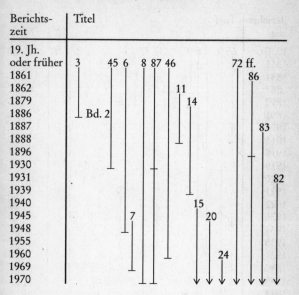

[Tab. 6]

Sekundärliteratur zum 17. Jahrhundert

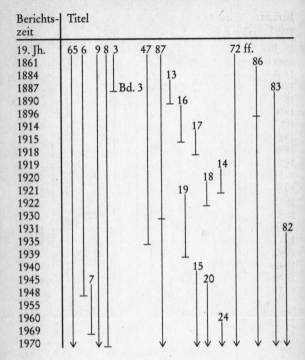

Berichts- zeit	Titel
19. Jh.	65 6 9 8 3 47 87 72 ff.
1861	86
1884	
1887	⌐ Bd. 3 13 83
1890	└ 16
1896	
1914	17
1915	
1918	
1919	14
1920	18
1921	19
1922	
1930	
1931	82
1935	
1939	
1940	15
1945	7 20
1948	
1955	
1960	24
1969	
1970	

[Tab. 7]
Sekundärliteratur für die Zeit zwischen 1700 und 1770

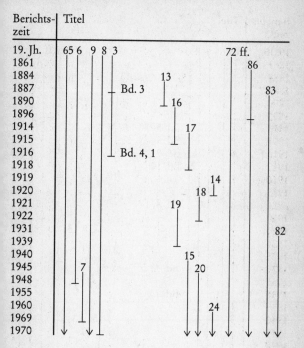

Berichts- zeit	Titel
19. Jh.	65 6 9 8 3 72 ff.
1861	
1884	
1887	13
1890	┼ Bd. 3
1896	┴ 16
1914	
1915	17
1916	┴ Bd. 4, 1
1918	
1919	
1920	14
1921	18 ┴
1922	19
1931	
1939	82
1940	
1945	15
1948	7 20
1955	
1960	
1969	24
1970	↓ ↓ ↓ ↓ ↓ ↓ ↓ ↓ ↓ ↓

31

[Tab. 8]

Sekundärliteratur zur Goethezeit (1770–1832)

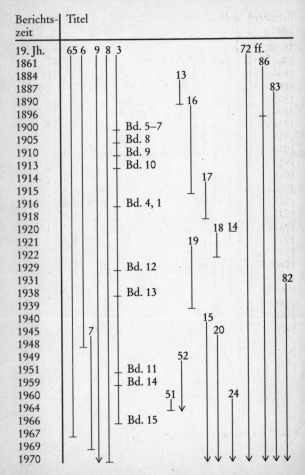

Berichts-zeit	Titel
19. Jh.	65 6 9 8 3 72 ff.
1861	86
1884	13
1887	83
1890	16
1896	
1900	Bd. 5–7
1905	Bd. 8
1910	Bd. 9
1913	Bd. 10
1914	17
1915	
1916	Bd. 4, 1
1918	
1920	18 14
1921	19
1922	
1929	Bd. 12
1931	82
1938	Bd. 13
1939	
1940	15
1945	7 20
1948	
1949	52
1951	Bd. 11
1959	Bd. 14
1960	51 24
1964	
1966	Bd. 15
1967	
1969	
1970	

[Tab. 9]

Sekundärliteratur für die Zeit zwischen 1830 und 1880

Berichts- zeit	Titel

19. Jh.
oder früher   65 6   9 8 50 4⁵ 30   72 ff.
1861   86
1884   13
1887   83
1890   ⊥ 16
1896
1907   ⊥
1913
1914   17
1915
1918
1920   18
1921   19
1922   ⊥
1931   82
1939
1940   15
1945   7   20
1947   53
1948   ⊥
1955
1960   ⊥
1962
1967   ⊥   24
1969
1970 │   ↓ ⊥   ↓   ↓   ↓   ↓   ↓   ↓   ↓

5. nur für Dichter mit dem Anfangsbuchstaben A.

[Tab. 10]
Sekundärliteratur für die Zeit nach 1880

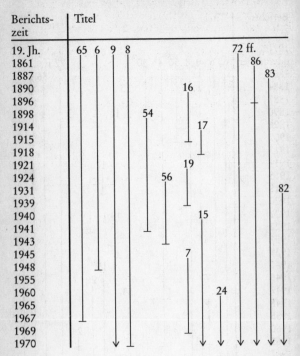

Berichts-zeit	Titel

c) Nachschlagen von Realien

Die tabellarische Anleitung zum Bibliographieren erfaßt nur solche zum Nachschlagen von Realien geeigneten literaturwissenschaftlichen Handbücher, die auch beim Bibliographieren wichtig sind. Ihre Titelnummern sind hier zusammengestellt. Diese sehr unvollständige Reihe ergibt aber keinen geschlossenen Überblick und ersetzt darum nicht das Studium der einschlägigen Kapitel bei Raabe (*Einführung in die Bücherkunde*, Kap. III, S. 39–51) oder Hansel (*Bücherkunde*, Studienausgabe, Kap. I, S. 23–94). Dort findet man auch notwendige Auskünfte über Art und Gebrauch der Handbücher.

Handbücher und Reallexika: 87–94

Literaturgeschichten: 95, 96, 97, vgl. 1 (S. 77 ff.); 2 (S. 41 ff. bzw. Studienausgabe, S. 68–89)

Schriftstellerlexika: 9, 27, 35, 43, 98–102, 104

Allgemeinenzyklopädien: 105–109

[Tab. 11]

d) Ermittlung biographischer Angaben

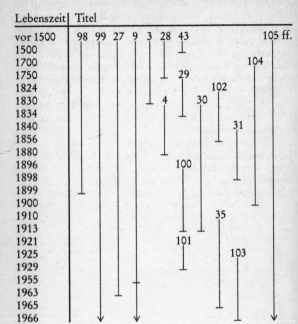

6. Titelliste der bibliographischen Hilfsmittel[6]

a) Bibliographische Einführungen

1 Arnold, Robert F.: Allgemeine Bücherkunde zur neueren deutschen Literaturgeschichte. 4. Aufl. Neu bearb. von H. Jacob. Berlin: de Gruyter 1966. [¹1910.]
Etwas unübersichtlich.

2 Hansel, Johannes: Bücherkunde für Germanisten. Wie sammelt man das Schrifttum nach dem neuesten Forschungsstand? Berlin: Schmidt 1959.
Vgl. die auf S. 22 empfohlene Studienausgabe davon. Diese berichtet bis 1982.

b) Allgemeine bibliographische Werke

3 Goedeke, Karl: Grundriß zur Geschichte der deutschen Dichtung. Aus den Quellen. 2. bzw. 3. ganz neu bearb. Aufl. 13 bzw. 18 Bde. Dresden: Ehlermann 1884 ff.
Eine übersichtliche Einführung in das etwas umständliche Werk gibt Hansel in seiner »Bücherkunde für Germanisten« (Studienausgabe), S. 109 ff.; dort auch genauere Angaben über Berichtszeiträume und Fortsetzungen dieser Monumentalbibliographie.

4 Goedekes Grundriß zur Geschichte der deutschen Dichtung. Neue Folge. Fortführung von 1830 bis 1880. Hrsg. von der Deutschen Akademie der Wissenschaften zu Berlin. Bearb. von Georg Minde-Pouet u. Eva Rothe. Berlin: Akademie-Verlag 1955–62.
Bisher Bd. 1 von Aar bis Ayßlinger; Dichter, die nach 1800 geboren sind und bis 1900 gewirkt haben.

5 Wilpert, Gero von u. Adolf Gühring: Erstausgaben deutscher Dichtung. Eine Bibliographie zur deutschen Literatur 1600 bis 1960. Stuttgart: Kröner 1967.

6 Körner, Josef: Bibliographisches Handbuch des deutschen Schrifttums. 3., völlig umgearb. Aufl. Bern: Francke 1949. 4. Aufl. [unveränderter Nachdr.] 1966.
Besonders gut für die Zeit von 1830 bis 1880. Berichtsschluß

---

6. Auch die nicht als Bibliographien erkennbaren Titel stehen hier ausschließlich wegen ihrer ›versteckten‹ bibliographischen Informationen. Das gilt besonders für die S. 49 f. erwähnten Literaturgeschichten.

März 1948. S. 17–74: Sachbibliographie, S. 75–543: Personalbibliographie.

7 Bibliographisches Handbuch der deutschen Literaturwissenschaft. 1945–1969. Hrsg. von Clemens Köttelwesch. Mitarb.
H. Hüttemann u. C. Maihofer. Bd. 1–3. Frankfurt a. M.: Klostermann 1973–79. – Bd. 1: Von den Anfängen bis zur Romantik. Bd. 2: 1830 bis zur Gegenwart. Bd. 3: Register.

8 Internationale Bibliographie zur Geschichte der deutschen Literatur von den Anfängen bis zur Gegenwart. Gesamtredak-
tion: Günther Albrecht u. Günther Dahlke. Teil 1–3. Berlin:
Aufbau-Verlag 1969–77. (München: Verlag Dokumentation
1970–77.)

9 Kosch, Wilhelm: Deutsches Literatur-Lexikon. Biographisches und bibliographisches Handbuch. Bd. 1–4. Bern: Frank-
ke [2]1949 bis 1958. 3., völlig neu bearb. Aufl. hrsg. von Bruno
Berger u. Heinz Rupp. Bd. 1 ff. 1968 ff.
Die 2. Auflage bringt Artikel zu Stoffen, Motiven, Liedanfän-
gen, Fachausdrücken, Zeitschriften usw. Die 3., erst bis zum
Buchstaben H geführte Auflage verzichtet auf die Sachartikel
zugunsten vermehrter Artikel über Autoren.

10 Eppelsheimer, Hanns W.: Handbuch der Weltliteratur von den
Anfängen bis zur Gegenwart. 3., neu bearb. u. erg. Aufl.
Frankfurt a. M.: Klostermann 1960. [[1]1937.]
»Übersichtlicher Grundriß der Entwicklungsstufen mit knapp
wertenden Darlegungen als Rahmen für den bibliographi-
schen Nachweis über repräsentative Dichter u. Denker«
(Hansel).

c) *Allgemeine periodische Bibliographien*

11 Bartsch, Karl: Bibliographische Übersicht des Jahres 1862. In:
Germania. Vierteljahrsschrift für deutsche Altertumskunde 8
(1863). Fortges. u. d. T.: Bibliographische Übersicht über die
Erscheinungen auf dem Gebiete der deutschen Philologie [für
die Jahre] 1863/64. – 9 (1864) – 30 (1985). Weitergeführt von
Gustav Ehrismann für die Jahre 1885–88. Ebenda 35 (1890) –
37 (1892).

12 Literaturblatt für germanische und romanische Philologie.
Hrsg. von Otto Behaghel. Jg. 1–66. Heilbronn (später Leipzig): Henninger 1880–1944.

13 Strauch, Philipp: Verzeichnis der auf dem Gebiete der neueren

deutschen Literatur erschienenen wissenschaftlichen Publikationen. In: Anzeiger für deutsches Altertum 11 (1885) – 16 (1890).

14 Jahresbericht über die Erscheinungen auf dem Gebiete der germanischen Philologie. Hrsg. von der Gesellschaft für deutsche Philologie. Jg. 1–42. [Bibliographie für 1879–1920.] Berlin 1880–1923. – Seit Jg. 43: N. F. Bd. 1 ff. [Bibliographie für 1921 ff.]. Berlin 1924 ff. Der regelmäßige Bericht endet mit Jg. 57 – N. F. 15 [Bibliographie für 1935]. 1939. – 1954 erschien als Fortsetzung durch die Deutsche Akademie der Wissenschaften (Berlin) der Vierjahresband Jg. 58–61 – N. F. 16–19 [Bibliographie für 1936–39]. – Fortführung: Nr. 15.

15 Jahresbericht für deutsche Sprache und Literatur. Bd. 1 ff. Bearb. von Gerhard Marx. Berlin: Akademie-Verlag 1960 ff. 1. Bibliographie 1940–1945. 1960. 2. Bibliographie 1946–1950. 1966.

16 Jahresberichte für neuere deutsche Literaturgeschichte. Hrsg. von Julius Elias [u. a.]. Stuttgart (wechselnde Verlage): 1892–1919. Berichtszeit 1890–1915.

17 Rosenbaum, Alfred: Bibliographie der in den Jahren 1914–18 erschienenen Zeitschriftenaufsätze und Bücher zur deutschen Literaturgeschichte. Stuttgart: Metzler 1922 (Euphorion. Ergänzungsheft 12.)

18 Merker, Paul: Neuere deutsche Literaturgeschichte. Stuttgart u. Gotha: Perthes 1922 (Wissenschaftliche Forschungsberichte. Bd. 8.) – S. 132–136: Bibliographie der in den Jahren 1920–22 erschienenen Werke.

19 Jahresbericht über die wissenschaftlichen Erscheinungen auf dem Gebiete der neueren deutschen Literatur. Hrsg. von der Literaturarchiv-Gesellschaft in Berlin. N. F. Bd. 1–15; 16–19 [Bibliographie für 1921–35; 1936–39]. Berlin: de Gruyter 1924–39; 1956. – Fortgesetzt in Nr. 15.

20 Bibliographie der deutschen Literaturwissenschaft. Hrsg. von Hanns W. Eppelsheimer, ab Bd. 2 bearb. von Clemens Köttelwesch. Bd. 1 ff. Frankfurt a. M.: Klostermann 1957 ff. Berichtet von 1945 an; systematisch gegliedert in allgemeine Literaturwissenschaft, vergleichende Literaturwissenschaft und Epochen der deutschen Literaturgeschichte. Register.

21 PMLA. Publications of the Modern Language Association of America. Suppl.: Annual bibliography. Vol. 37 ff. Menasha (Wisconsin) 1922 ff.

Berichtet seit 1921. Seit 1969 erscheint die MLA International Bibliography jährlich in 4 Bänden. Titel zur europäischen Literatur (mit Ausnahme der englischen Literatur) enthält Band 2.

22 Jahresberichte des Literarischen Zentralblattes über die wichtigsten Neuerscheinungen des deutschen Sprachgebietes. Jg. 1–18. Leipzig: Börsenblatt des deutschen Buchhandels 1925–42. – Jg. 19 unter dem Titel: Das deutsche wissenschaftliche Schrifttum [des Jahres 1942]. Leipzig 1943.
»Zuverlässige Berichterstattung . . . auch Dissertationen u. Zeitschriftenaufsätze . . . Sprach- u. Literaturwissenschaft. Germanische Sprachen u. Literaturen. Theatergeschichte. Volkskunde« (Hansel).

23 The Year's Work in Modern Language Studies. Vol. 1 ff. Oxford, Cambridge 1931 ff.
Bericht ab 1929.

24 Germanistik. Internationales Referatenorgan mit bibliographischen Hinweisen. Hrsg. von T. Ahlden [u. v. a.]. Schriftleitung: Walther Gose (ab Jg. 8: Tilman Krömer). Jg. 1 ff. Tübingen: Niemeyer 1960 ff.
Erscheint vierteljährlich. Verfasser- und Namenregister am Schluß des zusammengefaßten Jahrgangs erleichtert das Nachschlagen. Eine sehr handliche räsonierende Bibliographie.

d) Schriftsteller- und Werklexika

25 Kindlers Literatur Lexikon. Wiss. Vorbereitung: Wolfgang von Einsiedel; unter Mitarb. zahlreicher Fachberater. Bd. 1–7 u. Ergänzungsbd. München: Kindler 1965–74. – Taschenbuchausgabe: München: Deutscher Taschenbuch Verlag 1974. 25 Bde.

26 Lexikon der Weltliteratur im 20. Jahrhundert. Bd. 1 u. 2. Freiburg i. Br., Basel u. Wien: Herder 1960/61. 3. Aufl. Bd. 1 [A–J] 1965; Bd. 2 [K–Z] 1966.
Enthält auch Beiträge zu Stilrichtungen und Gattungen.

27 Wilpert, Gero von: Deutsches Dichterlexikon. Biographisch-bibliographisches Handwörterbuch zur deutschen Literaturgeschichte. Stuttgart: Kröner 1963. 2., erw. Aufl. 1976. (Kröners Taschenausgabe. Bd. 288.)

28 Jöcher, Christian Gottlieb: Allgemeines Gelehrten-Lexikon. Tl. 1–4 nebst Fortsetzungen und Ergänzungen. Bd. 1–7. Leip-

zig: Weidmann 1750–1897; unveränderter Nachdr. Hildesheim 1960/61.
Lebensbeschreibungen führender Persönlichkeiten mit Quellen- und Sekundärliteratur; grundlegend und ergiebig für das 16. bis 18. Jahrhundert.

29 Meusel, Johann Georg: Das gelehrte Teutschland oder Lexikon der jetzt lebenden teutschen Schriftsteller. 5. Ausg. Bd. 1–23. Lemgo: Meyer 1796–1834. [1. Ausg. 1776.] Neudr. Hildesheim: Olms 1967.

30 Brümmer, Franz: Lexikon der deutschen Dichter und Prosaisten vom Beginn des 19. Jahrhunderts bis zur Gegenwart. Bd. 1 u. 2. Leipzig: Reclam 1885. – 6., völlig neu bearb. u. stark verm. Aufl. Bd. 1–8. 1913.

31 Pataky, Sophie: Lexikon deutscher Frauen der Feder. Eine Zusammenstellung der seit dem Jahre 1840 erschienenen Werke weiblicher Autoren, nebst Biographien der lebenden und einem Verzeichnis der Pseudonyme. Berlin: Pataky 1898. Reprint Bd. 1–2. Bern 1971.

32 Kürschners Deutscher Literatur-Kalender. Jg. 1 ff. Berlin: de Gruyter 1897 ff.
Erscheint nicht jährlich; letzte Neuausgaben: 58 (1981), 59 (1984), 60 (1988). Gibt Werklisten lebender Schriftsteller.

33 Nekrolog zu Kürschners Literatur-Kalender 1901–1935. Hrsg. von Gerhard Lüdtke. Berlin: de Gruyter 1936. – 1936–1970. Hrsg. von Werner Schuder. Berlin: de Gruyter 1973.

34 Lennartz, Franz: Deutsche Dichter und Schriftsteller unserer Zeit. Einzeldarstellungen zur Schönen Literatur in deutscher Sprache. Stuttgart: Kröner ⁹1963. [¹1938.] Kröner Taschenausgabe. Bd. 151.)
Bringt alphabetisch 330 deutschsprachige Autoren; bis 1955 Verstorbene sind ausgeschieden. Unter dem Titel: Deutsche Schriftsteller des 20. Jahrhunderts im Spiegel der Kritik. Bd. 1–3. Stuttgart: Kröner 1984 liegen die 845 Darstellungen aus den elf Auflagen von 1938 bis 1978 gesammelt vor.

35 Handbuch der deutschen Gegenwartsliteratur. Unter Mitw. von Hans Hennecke hrsg. von Hermann Kunisch. München: Nymphenburger Verlagshandlung 1965. 2., verb. u. erw. Aufl. Bd. 1–3. 1969.
Enthält Titel von ca. 500 Autoren seit 1910; daneben Artikel zu literarischen Epochen, Stilen und Strömungen.

36 Kritisches Lexikon zur deutschsprachigen Gegenwartslitera
tur. Hrsg. von Heinz Ludwig Arnold. München: Edition Tex
u. Kritik 1978. Diese Lose-Blatt-Ausgabe informiert fortlau
fend und ergänzend über Biographie, Werk und Wirkun
deutschsprachiger Schriftsteller, die seit 1945 das Bild der Lite
ratur in der Bundesrepublik Deutschland, der Deutschen De
mokratischen Republik, Österreich und der Schweiz bestimm
haben und bestimmen. Der KLG Textdienst bietet zu jede
Autor Artikel und Rezensionen aus Tages- und Wochenzei
tungen in Fotokopien an.

37 Johnson, Alfred Forbes u. Victor Scholderer: Short-Title Cata
logue of books printed in the German speaking countries an
German books printed in the other countries from 1455 t
1600, now in the British Museum. London: Trustees of th
British Museum 1962.

e) Bibliographien zu einzelnen Epochen

38 Faber du Faur, Curt von: German Baroque Literature. A cata
logue of the collection in the Yale University Library. New
Haven: Yale University Press 1958.
1882 Nummern, erfaßt auch Antiquariats- und Versteige
rungskataloge; Register.

39 German Baroque Literature. A descriptive catalogue of th
Collection of Harold Jantz. Vol. 1–2. New Haven 1974.

40 Bircher, Martin: Deutsche Drucke des Barock 1600–1720 i
der Herzog August Bibliothek Wolfenbüttel. Bd. 1 ff. Nen
deln: KTO 1977 ff.

41 Schulte-Strathaus, Ernst: Bibliographie der Originalausgabe
deutscher Dichtungen im Zeitalter Goethes. Nach den Quel
len bearb. Bd. 1, Abt. 1. [Mehr nicht erschienen.] München
Müller 1913.
Von den Sturm- und Drang-Dichtern selbst besorgte Einzel
ausgaben.

42 Brieger, Leopold: Ein Jahrhundert deutscher Erstausgaben
Die wichtigsten Erst- und Originalausgaben von etwa 1750 bi
etwa 1880. Die Schweizer Autoren bearb. von Hans Bloesch
Stuttgart: Hoffmann 1925. (Taschenbibliographie für Bücher
sammler. Bd. 2).

43 Die deutsche Literatur des Mittelalters. Verfasserlexikon. Un
ter Mitarbeit zahlreicher Fachgenossen begr. von Wolfgang

42

Stammler, ab Bd. 3 hrsg. von Karl Langosch. Bd. 1–5. Berlin: de Gruyter 1933–55.
Übersichtlich gegliedert, nahezu erschöpfendes Material; Nachtragsband beachten! Berichtsschluß ca. 1954. – 2., völlig neu bearb. Aufl. u. Mitarb. zahlreicher Fachgelehrter hrsg. von Kurt Ruh. Bd. 1 ff. Berlin: de Gruyter 1977 ff.

44 Ehrismann, Gustav: Geschichte der deutschen Literatur bis zum Ausgang des Mittelalters. Bd. 1–4. München: Beck 1918–35. Unveränderter Nachdr. 1959. – Tl. 1. Die althochdeutsche Literatur. 1918. ²1932. Tl. 2,1. Die mittelhochdeutsche Literatur. Frühmittelhochdeutsche Zeit. 1922. Tl. 2,2/1. Blütezeit, 1. Hälfte 1927. Tl. 2,2/2. Blütezeit, 2. Hälfte. Spätmittelhochdeutsche Literatur des 14. und 15. Jahrhunderts. 1935.

45 Petersen, Julius: Bibliographie zur Vorlesung über Geschichte der deutschen Literatur in der Reformationszeit. Berlin 1932. [Als Ms. gedruckt.]

46 Schottenloher, Karl: Bibliographie zur deutschen Geschichte im Zeitalter der Glaubensspaltung. 1517–1585. Bd. 1–6. Leipzig: Hiersemann 1933–40. Unveränderter Nachdr. Stuttgart 1956–58. Nachtragsband (Bd. 7): Das Schrifttum von 1938 bis 1960. Bearb. von Ulrich Thürauf. 1966.
Führt auch Werkausgaben einzelner Dichter und Literatur über diese.

47 Pyritz, Hans: Bibliographie zur deutschen Barockliteratur. In: Paul Hankamer, Deutsche Gegenreformation und deutsches Barock. Stuttgart: Metzler 1935. 2., unveränderte Aufl. 1947. S. 478–530. (Epochen der deutschen Literatur. Bd. 2,2.)
Auswahlbibliographie, berichtet bis Mitte der 30er Jahre.

48 Habersetzer, Karl Heinz: Bibliographie der deutschen Barockliteratur. Ausgaben und Reprints 1945–1976. Hamburg: Hauswedell 1978. (Dokumente des Internationalen Arbeitskreises für Barockliteratur. Bd. 5.)

49 Wolfenbüttler Barock-Nachrichten. Jg. 1 ff. Hamburg: Hauswedell 1974 ff.

50 Meyer, Richard M.: Grundriß der neueren deutschen Literaturgeschichte. Berlin: Bondi ²1907. [¹1902.]
Bibliographie der Dichtung des 19. und beginnenden 20. Jahrhunderts.

51 Internationale Bibliographie zur deutschen Klassik 1750 bis 1850. Bearb. von Klaus Hammer, Hans Henning [u. a.]. Folge

1–9. In: Weimarer Beiträge 6–10 (1960–64). – Ab Folge 11/12 (1964/65) in selbständiger Form. Bearb. von Hans Henning u Siegfried Seifert. Weimar 1968 ff. – Zuletzt Folge 21,I (1974) 1977. – Vorangegangen war die von Gottfried Wilhelm bearb. »Bibliographie deutschsprachiger Bücher und Zeitschriftenaufsätze zur deutschen Literatur von der Aufklärung bis zur bürgerlichen Revolution von 1848/49«, F. 1–9. In: Weimarer Beiträge 1–6 (1955–60).

52 The romantic movement. A selected and critical bibliography [für 1964 ff.]. Ed. by David V. Erdman [u. a.]. Boulder (Colorado) 1965 ff. (English Language Notes. Suppl. 3,1). – Früher, für 1948–63, in: Philological Quarterly 29 (1949) – 43 (1964).

53 German literature of the nineteenth century [1830–80]. A current bibliography. In: Modern Language Forum 32 (1947) – 36 (1951); fortgeführt für die Berichtsjahre 1950–58, in: Germanic Review 28 (1953) – 35 (1960). 1961 Erscheinen eingestellt.

54 Das literarische Echo. Hrsg. von Josef Ettlinger (später von Ernst Heilborn [u. a.]. Jg. 1–44. Stuttgart: Deutsche Verlagsanstalt 1898–1941/42. Seit 1925 u. d. T.: Die Literatur.

55 Raabe, Paul: Index Expressionismus. Bibliographie der Beiträge in den Zeitschriften und Jahrbüchern des literarischen Expressionismus. 1910–1925. Bd. 1–18. Nendeln: Kraus 1972.

56 Die schöne Literatur. Hrsg. von Will Vesper. Jg. 25–44. Leipzig: Avenarius 1924–43. Seit 1930 u. d. T.: Die neue Literatur Jg. 1–24 erschien als Beilage des Literarischen Zentralblatts.

f) Sach- und Quellenbibliographien

57 Schmitt, Franz Anselm: Stoff- und Motivgeschichte der deutschen Literatur. Eine Bibliographie. Begr. von K. Bauerhorst. Berlin: de Gruyter ³1976 [¹1959.]
Fast 5000 Titel zu 1242 alphabetisch aufgeführten Stoffen und Motiven; systematische Übersicht.

58 Kayser, Wolfgang: Das sprachliche Kunstwerk. Eine Einführung in die Literaturwissenschaft. 17. Aufl., mit nachgeführter Bibliographie. Bern: Francke 1976. S. 391–424. [¹1948.]
»Bewährte, breit angelegte Einführung in die Arbeitsweisen mit deren Hilfe sich eine Dichtung als sprachliches Kunstwerk erschließt: Lit'wiss. als Stilanalyse, Strukturforschung, aufschließende Interpretation des dichter. Werkes, nachgewiesen an Gedichten u. größeren Prosastücken« (Hansel).

59 Wellek, René u. Austin Warren: Theory of Literature. New York ²1956. [¹1949.] (Theorie der Literatur. Neu hrsg. u. übers. von Edgar Lohner. Frankfurt a. M.: Athenäum Verlag 1971.)
Berichtet bis 1963.

60 Pissin, Raimund: Almanache der Romantik. Berlin: Behr 1910. (Bibliographisches Repertorium. Bd. 5.)

61 Houben, Heinrich Hubert: Zeitschriften der Romantik. In Verb. mit Oskar Walzel hrsg. Berlin: Behr 1904. (Bibliographisches Repertorium. Bd. 1.)

62 Houben, Heinrich Hubert: Zeitschriften des Jungen Deutschlands. Tl. 1. u. 2. – Berlin: Behr 1906–09. (Bibliographisches Repertorium. Bd. 3 u. 4.)

63 Raabe, Paul: Die Zeitschriften und Sammlungen des literarischen Expressionismus. Repertorium der Zeitschriften, Jahrbücher, Anthologien, Sammelwerke, Schriftenreihen und Almanache 1910–1921. Stuttgart: Metzler 1964. (Repertorien zur deutschen Literaturgeschichte. Bd. 1.)

64 Frels, Wilhelm: Deutsche Dichterhandschriften von 1400 bis 1900. Gesamtkatalog der eigenhändigen Handschriften deutscher Dichter in den Bibliotheken und Archiven Deutschlands, Österreichs, der Schweiz und der ČSR. Leipzig: Hiersemann 1934.

g) Bibliographien zu einzelnen Dichtern

65 Hansel, Johannes: Personalbibliographie zur deutschen Literaturgeschichte. Studienausgabe. Berlin: Schmidt ²1974. [¹1967.]
Hier findet man die meist ›versteckten‹ Bibliographien zu 300 Dichtern; subjektive Personalbibliographie (Primärliteratur) wie objektive Personalbibliographie (Sekundärliteratur). Dazu kurze Forschungsübersichten und Hinweise auf Dichtergesellschaften und deren Periodika.

66 Wiesner, Herbert [u. a.]: Bibliographie der Personalbibliographien zur deutschen Gegenwartsliteratur. München: Nymphenburger Verlagshandlung 1970.

67 Stock, Karl F. [u. a.]: Personalbiographien österreichischer Dichter und Schriftsteller. Pullach: Verlag Dokumentation 1972.

68 Arnim, Max: Internationale Personalbibliographie 1800–1943.

Bd. 1 u. 2. Leipzig u. Stuttgart. Hiersemann ²1944–52. [¹1936.]
Bd. 3: 1944–59, mit Nachträgen zu Bd. 1 u. 2. Stuttgart
1961–63.
Internationale, subjektive Personalbibliographie Gelehrter,
Künstler, Schriftsteller und anderer Personen des öffentlichen
Lebens für den Zeitraum 1800–1943 bzw. 1959.

69 Raabe, Paul: Einführung in die Bücherkunde zur deutschen
Literaturwissenschaft. Mit 13 Tabellen im Anhang. 10., unver-
änderte Aufl. unter Mitarb. von Werner Arnold u. Ingrid
Hannich-Bode. Stuttgart: Metzler 1984. (Sammlung Metzler.
Bd. 1 Abt. B: Literaturwissenschaftliche Methodenlehre.)
Dort S. 76–82 die wichtigsten Personalbibliographien bis
1979.
Hilfreich sind auch bibliographische Anhänge zu Rowohlts
Monographien (1958 ff.) und zu den monographischen Dar-
stellungen in der Sammlung Metzler.

h) Bücherverzeichnisse

70 Georgi, Theophil: Allgemeines europäisches Bücherlexikon.
Tl. 1–5; Suppl. 1–3. Leipzig: 1742–58. – Reprint 1966.
Berichtszeit bis 1750.

71 Heinsius, Wilhelm: Allgemeines Bücher-Lexikon oder Vollständiges alphabetisches Verzeichnis aller von 1700–1892 erschienenen Bücher. Bd. 1–19. Leipzig: Heinsius 1812–94. –
Reprint 1962.

72 Kayser, Christian Gottlob: Vollständiges Bücher-Lexikon,
enthaltend alle von 1750 bis 1910 in Deutschland und den an-
grenzenden Ländern gedruckten Bücher. Tl. 1–36. Leipzig:
Hinrichs 1851–1913. – Reprint 1961.

73 Hinrichs' Bücherkatalog. Bd. 1–13. Leipzig: Hinrichs 1856 bis
1913.
Berichtszeitraum 1851–1912.

74 Allgemeines Repertorium der Literatur für die Jahre 1785 bis
1800.
Bearb. von Johann Samuel Ersch. 8 Bde. Jena: Allgemeine Li-
teraturzeitung (später Weimar: Industrie-Comptoir) 1793 bis
1807.

75 Deutsches Bücherverzeichnis. Eine Zusammenstellung der im
deutschen Buchhandel erschienenen Bücher, Zeitschriften und
Landkarten. Nebst Stich- und Schlagwortregister. Bd. 1 ff.

Leipzig: Verlag des Börsenvereins 1916 ff. – Reprint Bd. 1–22. Graz: Akademische Druck- und Verlagsanstalt 1960–62. Berichtszeit: 1911 ff.

76 Gesamtverzeichnis des deutschsprachigen Schrifttums (GV) 1911–1965. Hrsg. von Reinhard Oberschelp. Bd. 1 ff. München: Verlag Dokumentation 1976 ff.

77 Deutsche Bibliographie. Bücher und Karten. Bearb. von der Deutschen Bibliothek Frankfurt a. M. Bd. 1 ff. Frankfurt a. M.: Verlag der Buchhändlervereinigung 1953 ff.
Seit 1945 Mehrjahresberichte. Berücksichtigt sind auch deutschsprachige Veröffentlichungen anderer Länder, aber keine Zeitschriften.

78 Jahresverzeichnis des deutschen Schrifttums. Bearb. u. hrsg. von der Deutschen Bücherei und dem Börsenverein der deutschen Buchhändler zu Leipzig. Leipzig: Börsenverein 1948 ff. Berichtet seit 1945.

79 Deutsche Bibliographie. Halbjahresverzeichnis. Bd. 1 ff. Frankfurt a. M.: Verlag der Buchhändlervereinigung 1951 ff. Berichtet seit 1951; enthält einen alphabetischen und einen systematischen Teil.

80 Deutsche Nationalbibliographie. Bearb. von der Deutschen Bücherei. Reihe A. Leipzig: Börsenverein 1931 ff.
Wöchentliche Neuerscheinungen des Buchhandels, eingeteilt in 24 Fachgebiete; die Germanistik findet sich in Gruppe 7: Sprach- und Literaturwissenschaft. Vgl. die Erg. 1: Verzeichnis der Schriften, die 1933–1945 nicht angezeigt werden durften. Leipzig 1949. Und Erg. 2: Verzeichnis der Schriften, die infolge von Kriegseinwirkungen vor dem 8. Mai 1945 nicht angezeigt werden konnten. Leipzig 1949.

81 Deutsche Bibliographie. Wöchentliches Verzeichnis. Reihe A. Jg. 1 ff. Frankfurt a. M.: Verlag der Buchhändlervereinigung 1947 ff.
Parallellaufend zur Deutschen Nationalbibliographie Reihe A. Auch hier die Germanistik in Fachgruppe 7. Ab 1965 eine monatliche Beilage B: Erscheinungen außerhalb des Buchhandels.

82 Deutsche Nationalbibliographie. Bearb. von der Deutschen Bücherei. Reihe B. Leipzig: Börsenverein 1931 ff.
Halbmonatliche Neuerscheinungen außerhalb des Buchhandels; Aufbau wie Reihe A.

i) Sonderbibliographien

83 Jahresverzeichnis der deutschen Hochschulschriften. Jg. 1 ff
   Berlin (wechselnde Verlage) 1887 ff. Leipzig 1957 ff.
   Hier werden jährlich die in der Deutschen Nationalbibliographie (Nr. 80) aufgeführten Dissertationen und Habilitationsschriften zusammengefaßt, geordnet nach Hochschulen, Fakultäten und Verfassernamen; Stich- und Schlagwortregister.

84 Deutsche Nationalbibliographie. Reihe C: Dissertationen und Habilitationsschriften. Leipzig 1968 ff.

85 Deutsche Bibliographie. Reihe H. Hochschulschriften-Verzeichnis. Unter Mitwirk. deutscher Hochschulbibliotheken bearb. u. hrsg. von der Deutschen Bibliothek Frankfurt am Main. Frankfurt a. M. 1972 ff.

86 Internationale Bibliographie der Zeitschriftenliteratur. Begr. von Felix Dietrich. Abt. A–C. (Seit 1965 ohne Abteilungen.) Leipzig (seit 1946 Osnabrück): Dietrich 1897 ff. – Abt. A: Bibliographie der deutschen Zeitschriftenliteratur. 1897 ff. (durch Ergänzungsbände nach rückwärts, von 1895–61, erweitert). Abt. B: Bibliographie fremdsprachiger Zeitschriftenliteratur. 1911 ff. Abt. C: Bibliographie der Rezensionen und Referate. 1900 ff.
   1944 Erscheinen eingestellt. Weitergeführt seit 1965 u. d. T.: Internationale Bibliographie der Zeitschriftenliteratur aus allen Gebieten des Wissens. – Abt. C seit 1971: Internationale Bibliographie der Rezensionen wissenschaftlicher Literatur (IBR).

j) Handbücher und Reallexika

87 Reallexikon der deutschen Literaturgeschichte. Begr. von Paul Merker u. Wolfgang Stammler. 2. Aufl. neu bearb. u. unter red. Mitarb. von Klaus Kanzog sowie Mitw. zahlreicher Fachgelehrter hrsg. von Werner Kohlschmidt u. Wolfgang Mohr. Bd. 1 ff. Berlin: de Gruyter 1958 ff. [1. Aufl. 4 Bde. 1925–31.] – Bisher: Bd. 1 [A–K] 1958; Bd. 2 [L–O] 1964. Bd. 3 [P–Sk] 1977; Bd. 4 [Sl–Z] 1984.

88 Deutsche Philologie im Aufriß. Hrsg. unter Mitarb. zahlreicher Fachgelehrter von Wolfgang Stammler. Bd. 1–3. Berlin: Schmidt ²1957–62. [1. Aufl. 3 Bde. 1952–57.] Unveränderter Nachdr. 1966 ff. – Abt. 1: Methodenlehre; Abt. 2: Sprachgeschichte; Abt. 3: A. Literaturgeschichte in Längsschnitten,

B. Ausländische Einflüsse, C. Sprachkunst in Wirkung und Austausch, D. Der Dichter hat das Wort; Abt. 4: Kulturkunde und Religionsgeschichte; Abt. 5: Volkskunde. Registerband.

89 Wilpert, Gero von: Sachwörterbuch der Literatur. 7., verb. u. erw. Aufl. Stuttgart. Kröner 1989. [¹1955.] (Kröners Taschenausgabe. Bd. 231.)
Mit mehr als 4200 Stichwörtern zuverlässige Einführung in die Begriffssprache der Literaturwissenschaft. Reichhaltige bibliographische Abschnitte.

90 Frenzel, Elisabeth: Stoffe der Weltliteratur. Ein Lexikon dichtungsgeschichtlicher Längsschnitte. Stuttgart: Kröner ⁴1976. (Kröners Taschenausgabe. Bd. 300.)

91 Frenzel, Elisabeth: Motive der Weltliteratur. Ein Lexikon dichtungsgeschichtlicher Längsschnitte. Stuttgart: Kröner 1976. (Kröners Taschenausgabe. Bd. 301.)

92 Handwörterbuch des deutschen Märchens. Unter Mitw. von Johannes Bolte hrsg. von Lutz Mackensen. Bd. 1 u. 2. [Mehr nicht erschienen.] Berlin: de Gruyter 1930–40.

93 Enzyklopädie des Märchens. Handwörterbuch zur historischen und vergleichenden Erzählforschung. Hrsg. von Kurt Ranke zus. mit Hermann Bausinger [u. a.], Bd. 1 ff. Berlin u. New York: de Gruyter 1977 ff.

94 Grimm, Jakob u. Wilhelm Grimm: Deutsches Wörterbuch. Bd. 1–16 [nebst] Quellenverzeichnis. Leipzig: Hirzel 1854 bis 1971. – Neubearbeitung. Hrsg. von der Deutschen Akademie der Wissenschaften zu Berlin in Zsarb. mit der Akademie der Wissenschaften zu Göttingen. Bd. 1 ff. Leipzig: Hirzel 1965 ff. [Erscheint in Lieferungen.]

k) *Literaturgeschichten mit hilfreichen ›versteckten‹ bibliographischen Angaben*

95 Koberstein, August: Grundriß der Geschichte der deutschen Nationalliteratur. 5., umgearb. Aufl. von Karl Bartsch. Bd. 1–5. Leipzig: Vogel 1872–84.

96 Nadler, Josef: Literaturgeschichte der deutschen Stämme und Landschaften. Bd. 1–3. Regensburg: Habbel 1912–18. – 4., neubearb. Aufl. unter dem Titel: Literaturgeschichte des deutschen Volkes. Dichtung und Schrifttum der deutschen Stämme und Landschaften. Bd. 1–4. Berlin: Propyläen-Verlag 1938–41.

49

Wegen der tendenziösen Erweiterung aus der Zeit des Drit
ten Reiches ist die 4. Aufl. ausschließlich als Bibliographi
bedeutsam.

97 Geschichte der deutschen Literatur von den Anfängen bi
zur Gegenwart. Hrsg. von Helmut de Boor u. Richard Ne
wald. Bd. 1 ff. München: Beck 1949 ff.

l) Biographische Werke

98 Allgemeine Deutsche Biographie. Hrsg. von der Histori
schen Kommission bei der Bayerischen Akademie der Wis
senschaften. Red.: Rochus Frhr. von Liliencron u. Franz Xa
ver von Wegele. Bd. 1–56. Leipzig: Duncker und Humblo
1875–1912.
Hauptwerk der deutschen Biographie, berücksichtigt die bi
1899 Verstorbenen; Generalregister beachten!

99 Neue Deutsche Biographie. Hrsg. von der Historischer
Kommission bei der Bayerischen Akademie der Wissenschaf
ten. Bd. 1 ff. Berlin: Duncker und Humblot 1953 ff. – Bisher
Bd. 1–11: A – Kleinfercher.

100 Biographisches Jahrbuch und deutscher Nekrolog. Hrsg. von
Anton Bettelheim. Bd. 1–18. Berlin: Reimer 1897–1917.
Nekrologe von 1896–1913; Angaben über Würdigungen und
Nachrufe. Generalregister.

101 Deutsches biographisches Jahrbuch. Hrsg. vom Verband der
deutschen Akademien. Bd. 1–5, 10, 11. Stuttgart: Deutsche
Verlagsanstalt 1925–32.
Angaben über die in den Jahren 1921–23 und 1928/29 Ver
storbenen; zwei Überleitungsbände schließen die Lücke.

102 Neuer Nekrolog der Deutschen. Hrsg. von Friedrich August
Schmidt. Jg. 1–30. Ilmenau: Voigt 1824–56.

103 Kürschners Deutscher Gelehrten-Kalender. Jg. 1 ff. Berlin:
de Gruyter 1925 ff. – Zuletzt: 14. Ausg. 3 Bde. Berlin u. New
York 1983.
Enthält jeweils die lebenden deutschen Gelehrten, ihre Publi
kationen, biographische Daten, Festkalender, Nekrolog, Re
gister nach Fachgebieten.

104 Friedrichs, Elisabeth: Literarische Lokalgrößen 1700–1900.
Verzeichnis der in regionalen Lexika und Sammelwerken auf
geführten Schriftsteller. Stuttgart: Metzler 1967. (Repertorien
zur deutschen Literaturgeschichte. Bd. 3.)
Bio-bibliographische Auskunft über unbekanntere Schrift
steller des 18. und 19. Jahrhunderts.

n) Allgemeinenzyklopädien

105 Brockhaus Enzyklopädie in 24 Bdn. Mannheim: Brockhaus
^{19}1986 ff. [^{1}1796–1810.]

106 Der Große Herder. 5. Aufl. von Herders Konversationslexi-
kon [^{1}1854–57]. Bd. 1–10. Freiburg i. Br.: Herder 1952–62.
Bd. 11 u. 12: Ergänzungsbände. ^{2}1964.
Katholisch orientiert.

107 Meyers Lexikon. 7. Aufl. Bd. 1–12; Ergänzungsbände 1–3,
Atlas, Ortslexikon. Leipzig: Bibliographisches Institut
1924–35. – 9. Aufl. Bd. 1–25. 1971–80. [^{1}1840–55.]
Sehr nützlich ist oft die zwanzigbändige 6. Aufl. von Meyers
Konversations-Lexikon 1906–09. Die 8. Aufl. 1936 ff. mit
nationalsozialistischer Tendenz blieb unvollständig. Vgl.
auch: Meyers Neues Lexikon. 2., völlig neu erarb. Aufl. in 18
Bdn. Bd. 1 ff. Leipzig: Bibliographisches Institut 1972 ff.

108 The Encyclopaedia Britannica. 14. ed. Vol. 1–25. Chicago,
London u. Toronto 1929. – Nachdrucke.

109 Grand Larousse encyclopédique. T. 1–10. Paris 1960–64. –
Suppl. 1968. Vgl. auch: La grande Encyclopédie. Vol. 1 ff. Paris: Larousse 1971 ff.

*n) In der Entstehung begriffene Arbeiten auf dem Gebiet
der Germanistik*

110 Verzeichnis der im Entstehen begriffenen Dissertationen aus
dem Gebiete der deutschen Sprache und Literatur. (Red.: Georg Bangen.) Liste 1–10. Berlin-Dahlem 1958–69. – Maschinenschriftliche Vervielfältigung des Germanischen Seminars
der Freien Universität Berlin, Berlin-Dahlem, Boltzmann-
str. 3. Fortgef. als »Verzeichnis der germanistischen Disserta-
tionsvorhaben«, zsgest. von Georg Bangen. In: Jb. für internationale Germanistik 2 (1972) H. 2.

111 Verzeichnis der entstehenden Dissertationen und Habilitationsschriften auf dem Gebiete der Germanistik. (Red.: Kurt
Merkel.) Hrsg. im Auftrag des Staatssekret. für das Hoch- u.
Fachschulwesen der DDR. Verzeichnis 1 ff. Potsdam 1962 ff.
– Maschinenschriftliche Vervielfältigung des Instituts für
deutsche Philologie der Pädagogischen Hochschule in Potsdam.

112 Conference of University Teachers of German. Bulletin of

Work in Progress. London: Institute of Germanic Studie
1964 ff.
Dissertationen, Buchveröffentlichungen und kritische Aus
gaben, die in Großbritannien vorbereitet werden.
113 Mollenhauer, Paul: Dissertations in progress. In: Monatshefte
für deutschen Unterricht, deutsche Sprache und Literatur
Madison (Wisconsin). 58 (1966) ff.
Dissertationen, die in den USA, in Canada, Australien, Neu-
seeland und Südafrika entstehen.
114 Editionsvorhaben zu mittelalterlichen deutschen Texten. In
Germanistik. Internationales Referateorgan 4 (1963) ff. -
Vgl. Nr. 24.

7. Bibliothek

Universitäts- und Hochschulbibliotheken, Staats- oder
Landesbibliotheken, Stadtbibliotheken sowie Fach- und
Spezialbibliotheken bieten ihre Dienste an.[7] Mit einer der
nächstliegenden wissenschaftlichen Bibliotheken wirklich
gut vertraut zu werden ist unerläßlich. Denn freies, unbe-
hindertes Arbeiten in Bibliotheken setzt voraus, daß der
Anfänger seine natürlichen Hemmungen vor den altehr-
würdigen Tempeln arbeitsamer Stille abbaut. Der Neuling
darf sich getrost sagen, daß die ganze Bibliothek einzig für
ihn, den Benutzer, eingerichtet ist und mit wachsender Be-
kanntschaft immer gemütlicher wird.
Oft machen gedruckte Handblätter mit den Öffnungszei-
ten, den Räumen und dem Aufbau der Bibliothek, mit ihrer
Benutzungs- und Leihordnung bekannt. Sorgfältige Lektüre dieser Einweisungen zahlt sich bald aus. Falls kein ge-
drucktes Bibliotheksführer bereitliegt, frage man selbst
nach, wo sich Lesesaal, Zeitschriftensaal, Kataloge und
Ausleihe befinden. (Die Magazine sind dem Benutzer nur
in sogenannten Freihandbibliotheken zugänglich.)

7. Ein Verzeichnis der deutschen wissenschaftlichen Bibliotheken enthält das
»Jahrbuch der deutschen Bibliotheken«. Hrsg. vom Verein Deutscher Biblio-
thekare. Jg. 42. Wiesbaden: Harrassowitz 1967.

Der *Lesesaal* ist das Prachtstück jeder Bibliothek. Er enthält die allgemeinen Nachschlagewerke und die wichtigsten Handbücher vieler Fachwissenschaften. Hast und Eile sind dieser Fülle gegenüber unangemessen. Der Neuling fährt besser, wenn er bei einem langsamen Rundgang aufmerksam die Rückentitel liest und sich in einer Lageskizze notiert, wo die Literaturwissenschaft und ihre Nachbardisziplinen, Sprachwissenschaft, Philosophie, Geschichte, Soziologie usw. angesiedelt sind.

Im *Zeitschriftensaal* liegt für den Überblick meist ein Verzeichnis der geführten Periodika aus. Wem die alphabetische Liste der Zeitschriftentitel zu lang ist, der kann gezielt nach den Fachzeitschriften suchen, die Hansel in Kapitel V seiner *Bücherkunde* nennt.

In der Nähe der *Kataloge* stehen meist auch die Bibliographien. Während die Bibliographien anzeigen, was es an Literatur zu einem Thema überhaupt gibt, zeigen die Kataloge den Bestand der Bibliothek an. Dabei wird der Bestand verschieden geordnet vorgelegt:

a) Der alphabetische Verfasser- und Titelkatalog (AK) ordnet die Bücher nach Autoren, bzw. anonyme Werke nach dem Titel. Hier sucht man Bücher, deren wichtigste bibliographische Daten man bereits kennt. Zum Beispiel: Wilpert, Gero von: *Sachwörterbuch der Literatur* usw., oder: *Nibelungenlied. Das*: Hrsg. von . . . usw.

b) Der systematische Katalog (SyK), auch Realkatalog genannt, ordnet den Bibliotheksbestand nach einzelnen Wissensgebieten und deren eigener Untergliederung. (Vgl. die Systematik in den Inhaltsverzeichnissen der verschiedenen Fachbibliographien; zum Beispiel der *Germanistik* = Titelnummer 24.) Hier sucht man, wenn man nicht von bekannten Titeln, sondern vom eigenen Arbeitsgebiet ausgeht. Auf Wilperts *Sachwörterbuch* z. B. stößt man in der Rubrik Literaturwissenschaft, Allgemeines, Handbücher.

c) Der Schlagwortkatalog (SWK) ordnet die Titel nach einem den Inhalt des Buches kennzeichnenden Schlagwort. Hier spürt man wie in den Handbüchern einzelnen Begriffen nach. Wilperts *Sachwörterbuch* findet man hier etwa unter ›Lexika‹ oder ›Literaturlexika‹.

d) Der Stichwortkatalog ordnet im Unterschied dazu nach einem Kernwort aus dem Titel. Hier steht das Beispiel unter ›Sachwörterbuch‹.

e) Ein Kreuzkatalog verbindet die verschiedenen Ordnungsprinzipien und reiht ein und denselben Titel mehrfach in ein einziges Alphabet: nach dem Personennamen des Verfassers bzw. Herausgebers, nach dem Buchtitel, nach dem Schlagwort, das den Inhalt des Buches charakterisiert, und nach dem Stichwort, das dem Titel entnommen ist.

Bei der *Ausleihe* kommt es darauf an, die Leihscheine so vollständig wie möglich auszufüllen, damit die Bücher ohne Verzug gefunden werden. Anzugeben sind in dieser Reihenfolge und mit dieser Zeichensetzung:[8]
Bei Büchern:
Familienname, Vorname(n) des Verfassers:
Sachtitel.
Untertitel. Herausgeber. Auflage.[9] Bandnummer.
Ort: Verlagsnachname Erscheinungsjahr.
(Reihentitel. Bd.-Nr.)
Bei Zeitschriftenaufsätzen:
Familienname, Vorname(n) des Verfassers:
Aufsatztitel. Untertitel.
In: Zeitschriftentitel
(Ort) Jahrgang. Band. (Jahr) Heft. Seite.

Nicht zu vergessen ist die Signatur vom Kopf der Katalogkarte. Da der Entleiher gewöhnlich auf jeden Leihschein zweimal seinen Namen und seine Adresse schreiben muß, spart er viel Zeit mit einem Adressenstempel.

8. Über das Zitieren von Titeln vgl. Kapitel V, 5, S. 84.
9. Kann auch als hochgestellte Ziffer vor das Erscheinungsjahr gesetzt werden.

8. Lektüre

Die Bibliographie zeigt, was alles bereits über ein bestimmtes Thema geschrieben worden ist; die Arbeit an den Katalogen zeigt, welche Titel in dieser Bibliothek sofort zur Verfügung stehen. Wenn die Bibliothek keine Freihandbibliothek ist und man die Bücher nicht an Ort und Stelle in den Magazinen aufsuchen darf, bestellt man reichlich bei der Ausleihe. Nur wer die Bücher in die Hand bekommt, kann die bibliographischen Angaben überprüfen, urteilen und »Entdeckungen machen«.

Bei der Auswahl der Bücher gilt: Je allgemeiner ein Thema ist, desto mehr Literatur, auch unwichtige, gibt es dazu, desto stärker muß man sich im Lesen beschränken; je enger ein Thema ist, desto eher wird man versuchen, die spärlichere Sekundärliteratur vollständig durchzusehen.

Ist das Thema allgemein und gibt es sehr viel Literatur dazu, verschafft man sich zunächst durch das Studium eines einschlägigen, anerkannten Handbuches einen Überblick. Die wichtigsten Verfasser und Titel zu dem zu bearbeitenden Thema werden beim Lesen bald geläufig, so daß man aus der bereits aufgearbeiteten Literatur mit Sachkenntnis wählen kann. Unbekannte oder noch nicht aufgearbeitete Bücher unterzieht man vor der Lektüre besonders eingehender Betrachtung; denn aufschlußreicher, als man anfänglich glaubt, sind die vermeintlichen Äußerlichkeiten.

Der Verfasser:
Ist er bekannt? Kennt man anderes von ihm? Ist er eine Autorität? Welche Forschungsrichtung vertritt er?

Der Titel:
Wie ist er formuliert? Was bedeuten seine Begriffe? Was verspricht er und in welchem Verhältnis steht das Versprochene zu dem Thema, das man bearbeitet?

Die Auflage:
Ist sie hoch, daß man annehmen darf, das Buch habe schon viele Freunde gefunden? (Wie zum Beispiel Matthias Le-

xers *Mittelhochdeutsches Taschenwörterbuch*, zuerst 1879, das jetzt in 37. Auflage erscheint.) Hat man die neueste Auflage? Ist sie nur ein unveränderter Nachdruck oder eine überarbeitete und erweiterte Auflage, die auf den neuesten Stand der Forschung gebracht worden ist? (In Hansels *Bücherkunde* liest man zum Beispiel über Goedekes *Grundriß zur Geschichte der deutschen Dichtung*: »Die erste Auflage, 3 Bde, 1859/81, ist veraltet; maßgebend heute die z w e i t e und d r i t t e Auflage.[10] Oder es heißt, Nadlers *Literaturgeschichte der deutschen Stämme und Landschaften* ist »im Hinblick auf die tendenziös erweiterte, im Dritten Reich erschienene 4. Aufl. umstritten«.[11])

Der Verlag:
Die einzelnen Verlage haben ganz verschiedene Programme, sprechen verschiedene Leserkreise an und unterscheiden sich daher manchmal auch erheblich in der Sorgfalt ihrer Arbeit.

Diese wichtigen bibliographischen Daten wird man öfter wieder brauchen, vor allem für das Literaturverzeichnis am Ende der Arbeit. Darum ist es gut, gleich jetzt, anläßlich der eingehenden Betrachtung, eine genaue Titelkarte im Format DIN A 7 oder DIN A 6 oder im internationalen Bibliotheksformat 7,5 x 12,5 cm nach dem Muster auf S. 54 anzulegen. Maßgebend sind stets die Angaben auf dem Innentitel des Buches. Ergänzende Angaben wie Vervollständigungen abgekürzter Vornamen, Erscheinungsdaten usw., die nicht auf dem Titelblatt stehen, aber doch dem Buch selbst entnommen sind, setzt man in runde Klammern ( ). Ergänzungen, die aus anderen Quellen stammen, werden wie alle Herausgeberzusätze im Text in eckige Klammern [ ] gesetzt.
Auf der Rückseite der Titelkarte kann man nach und nach vermerken, aus welcher Bibliothek man das Buch hatte (Signatur festhalten!), welchen Kurztitel oder welche Abkür-

10. Hansel: Bücherkunde, S. 110.
11. Hansel: Bücherkunde, S. 69.

zung (Sigel) man für diesen Titel eingeführt hat, welche Teile für die Arbeit wichtig waren, unter welchem Schlagwort Abschriften oder Ablichtungen aus dem Buch abgelegt wurden oder auch nur, warum das Buch nicht verwendet wurde.

Ehe man sich aber entscheidet, den Text zu studieren, untersucht man weitere Hinweise auf den Inhalt des Buches.

Man liest den Klappentext und den ›Waschzettel‹, Widmung und Motto; besonders eingehend das Inhaltsverzeichnis, vielleicht auch Vorwort und Einleitung oder Zusammenfassung und Nachwort und sucht im Anhang nach Registern und Literaturverzeichnis. Sollte man dann immer noch nicht wissen, ob es sich lohnt, die 800 oder 1000 Seiten zu lesen, kann man sich durch eine Rezension beraten lassen.[12]

Nachdem man das Buch angelesen hat, entscheidet man, wie man ferner damit verfährt: ob man nur mit Hilfe des Inhaltsverzeichnisses und der Register punktuell darin nachschlägt, ob man dieses oder jenes Kapitel oder das ganze Buch liest.

Bedeutung und Informationsdichte des Textes werden einem alsdann sagen, ob man kursorisch (fortlaufend, rasch, ›diagonal‹) lesen darf oder ob man statarisch (verweilend) studieren muß. Nicht nur beim studierenden Lesen aber sollte man hin und wieder innehalten und sein Textverständnis durch Leitfragen überprüfen:

Wie sieht der Verfasser seinen Gegenstand?
Was versteht er unter diesem oder jenem Begriff?
Sind die Folgerungen, zu denen der Verfasser kommt, einleuchtend?
Stimmen sie mit den eigenen Kenntnissen und Erfahrungen überein?

12. Rezensionen findet man durch die »Bibliographie der Rezensionen und Referate« von F. Dietrich, vgl. Titelliste Nr. 86, Abt. C; vgl. auch Nr. 24 = Germanistik.

Kann man die wesentlichen Behauptungen mit Beispielen belegen?
Wie müßte der Gedanke folgerichtig weitergehen?
usw.

Wer zu abgespannt ist, um sich in solchen Fragen mit dem Text auseinanderzusetzen, sollte nicht weiterlesen, ehe er neue Kräfte geschöpft hat; nötige Erholung ist kein Zeitverlust.

IV. Das Material

1. Materialsammlung

Gedankliche Auseinandersetzung mit dem Text beim Lesen läßt erkennen, was belanglos und was wesentlich ist, insbesondere, was im Zusammenhang mit der eigenen Arbeit Bedeutung hat und als Material für die Untersuchung, als Baustein unseres Denkgebäudes festgehalten werden muß. Die Ansätze lektürebegleitender Gedanken kann man in einen *eigenen* Büchern zum späteren Nachlesen durch Marginalien andeuten. Die hier gegebenen Markierungszeichen wollen nur eine Anregung, nur Beispiele zur Auswahl und persönlichen Abwandlung sein. Jeder Leser wird nach Temperament anders anstreichen; grundsätzlich ist es gut, maßvoll aber konsequent mit einer leicht überschaubaren Zahl von Zeichen zu markieren:

wichtig, im Text unterstrichen
Hauptgedanke, am Rand angestrichen
gut gesagt, merken, auswendig lernen!
gute Idee, taugliche Anregung
Zusammenfassung
Definition
zitierbarer Text von ...
... bis
Zeichen im Text als Verweis auf persönlichen Kommentar am Fuß der Seite
unklar, nicht verstanden
fraglich, schlecht formuliert, im Text unterschlängelt
S.x Querverweis auf eine andere Stelle, Seite x. Dieses Zeichen muß logischerweise an der Stelle, auf die verwiesen wird, wieder erscheinen, aber mit der Zahl der Seite, von der aus verwiesen wird. Verfolgt man auf diese Weise einen Gedanken oder ein Motiv, das öfter auftritt, dann vermerkt man alle späteren Stellen, indem man im-

mer auf die erste Stelle zurückverweist und dort oder auf der leeren letzten Seite alle Querverweise sammelnd sein eigenes Register baut.

Bei der Arbeit mit Büchern, die uns nicht gehören, müssen wir uns unter allen Umständen solcher Markierungen enthalten und statt dessen die Lesefrüchte sofort exzerpieren, d. h. herausziehen und auf Ringbuchblätter oder Karteikarten von Format DIN A 6 oder DIN A 7, quer, sammeln.

»Was wird nun auf den Materialkarten vermerkt? Grob gesagt: Textstellen und Bemerkungen, die man aus ihrem ursprünglichen Zusammenhang heraushebt und in den des eigenen Arbeitsvorhabens eingliedern will. Man kann bei einiger Vereinfachung vier Kategorien unterscheiden.

(1) *Zitate aus den benutzten Quellen (Primärliteratur)* wird man – wenn die Quellen in Buchform vorliegen – nur in beschränktem Umfang in die Materialkartei aufnehmen (keine unnötige Abschreibarbeit). Oft genügt es dabei, auf die jeweilige Textstelle im Buch nur zu verweisen und sie erst ins endgültige Typoskript einer Arbeit abschriftlich zu übernehmen. Bei Quellen, die ein zweites Mal nicht mehr leicht zu beschaffen sind (seltene Drucke, Manuskripte z. B. aus Nachlässen usw.) werden die Quellenzitate in der Materialkartei umfangreicher sein. Nach Möglichkeit sollte man dabei *Fotokopien* herstellen: sie sparen nicht nur Arbeitszeit und -mühe, sondern garantieren auch (im Gegensatz zur manuellen Abschrift) eine absolut zuverlässige Textwiedergabe.

(2) *Wörtliche Zitate aus der Sekundärliteratur* machen häufig den größten Teil der Materialkartei aus. Gerade sie sollten mit Überlegung ausgewählt werden. Des ›Exzerpierens‹ (= Herausziehens) wert sind Literaturstellen etwa folgender Art:

a) Einzelargumente, -gedanken, -wertungen eines Autors, die man in einen eigenen Gedankengang einfügen will,

b) Ergebniszusammenfassungen,
c) einzelne Formulierungen, die – in positivem oder negativem Sinn – bemerkenswert erscheinen,
d) Materialien (z. B. unbekannte Quellen, die im betreffenden Sekundärwerk zitiert sind).

Allgemein gilt für Zitate aus der Sekundärliteratur: Sie sollten nicht zu knapp ausfallen (ganze Sätze, geschlossener Gedankengang), andererseits nicht zu lang sein. Statt sehr umfangreicher Exzerpte empfiehlt sich wiederum die Anfertigung von Fotokopien (die entweder zerschnitten und auf Karten aufgeklebt oder gefaltet in die Kartei eingeordnet werden). In jedem Fall ist auf den sorgfältigen Beleg für die Herkunft des Zitats zu achten (Seitenzahlen; Übergang auf die nächste Seite des Originals im Exzerpt bezeichnen).

3) *Sinngemäße Wiedergabe (Paraphrase)* von Textpassagen oder ganzen Aufsätzen ist oft sinnvoller als wörtliche Abschrift. Das gilt besonders, wenn das Interesse weniger auf Einzelargumente oder -formulierungen gerichtet ist als vielmehr auf den gesamten Argumentationsgang, auf die Methode oder Forschungsposition eines Beitrags. Günstige Formen sinngemäßer Wiedergabe sind das *Resümee* (knappe, auf Details verzichtende Zusammenfassung) und die *Thesenreihe* (die dem Argumentationsgang Schritt für Schritt folgt).

4) *Eigene Notizen, Thesen, Formulierungsentwürfe*, die aus der unmittelbaren Reflexion über den jeweiligen Gegenstand oder auch aus der Auseinandersetzung mit der Literatur entstehen, sollte man ebenfalls festhalten – auch wenn solche Notizen oft recht unsystematisch sind. Eigene Stellungnahmen zu bestimmten Positionen der Forschung sollte man möglichst den entsprechenden Zitatkarten zuordnen (gleiches Stichwort, u. U. fortlaufend numeriert [. . .]).«

(Heinz Geiger, Albert Klein u. Jochen Vogt: Hilfsmittel und Arbeitstechniken der Literaturwissenschaft. Düsseldorf: Bertelsmann 1971. S. 66 f.)

2. Materialordnung

Exzerpte und andere Materialien lassen sich nach verschiedenen Prinzipien und mit verschiedenen Mitteln ordnen:

a) Nach dem Prinzip der festen Reihung entstehen Listen und Hefte mit streng numerischer oder chronologischer Ordnung, tagebuchähnliche Verzeichnisse, die keine nachträglichen Einschübe dulden.
b) Nach dem Prinzip der losen Reihung sammelt man auf Ringbuch- oder Karteiblättern, die beweglich bleiben und jederzeit nach Bedarf alphabetisch oder sachlichlogisch geordnet und umgeordnet werden können.
c) Das Haufenprinzip ist etwas genialisch. In Mappen, Ablagekörben oder Briefumschlägen werden Papiere verschiedener Formate zu einer Gruppe gesammelt, die ohne Rückgriff auf laufende Numerierung und Kartei allerdings kaum weit untergliedert werden kann.

Die Vorzüge der losen Reihung liegen auf der Hand. Wie Buchtitel lassen sich auch andere Materialien zweckmäßig in einer Kartei ordnen, sofern man sich nur auf ein bestimmtes Format festlegen kann.

Auf dem Kopf einer jeden Karteikarte müßte (etwa links) das Schlagwort stehen, das Inhalt oder Verwendungszweck des Textes kennzeichnet, und (rechts) das Ordnungszeichen, falls nicht rein alphabetisch geordnet wird.

Dem eigentlichen Text des Exzerpts folgt die Quellenangabe: Kurztitel und Seitenzahl genügen; die genaueren Daten stehen bereits in der Titelkartei (vgl. Kap. III, 8, S. 56 f.). Bei eigenen Notizen folgen Querverweise auf Literatur und Zusammenhänge mit anderen Teilen der Materialsammlung.

Umfangreichere Auszüge können leicht durch fortlaufend numerierte Karten demselben Schlagwort angeschlossen werden. Oder man faltet Blätter des nächstgrößeren DIN-Formates und stellt sie, damit nichts Fremdes dazwischengerät, mit dem Rücken nach oben in die Kartei.

Materialien von ganz unregelmäßigem Format, Briefe, Bilder, Tabellen, Karten, Zeitschriftenseiten und dergleichen, werden am besten fortlaufend numeriert und in Mappen gesammelt. In der Materialkartei erscheint dann nur das Schlagwort und ein Verweis auf die Sammelmappe und die Stücknummer. Ohne diesen Vermerk in der Materialkartei wird man bei umfangreicheren Sammelmappen oft lange und manchmal vergeblich suchen. Die Verbindung von fester numerischer Reihe in der Sammelmappe und systematischer oder alphabetischer Materialkartei schafft Ordnung und Überblick auf engem Raum.

3. Gliederung

Die Gliederung einer wissenschaftlichen Darstellung spiegelt den Zugriff ihres Verfassers. Sie zielt darauf ab, Stringenz, das heißt Bündigkeit, in den Gedankengang zu bringen. Da die Gliederung das Ganze der Arbeit betrifft und wesentlich mit dem Kern der Sache zusammenhängt, kann sie nur organisch mit der ganzen Arbeit wachsen.
Die Vorüberlegungen zum Thema, zum Material und zur Methode führen zu einer vorläufigen Disposition, zu der Festlegung der Schritte im Arbeitsplan (vgl. Kap. II, 4, S. 18).
Aus dem Umgang mit dem Material während der Sammlung, Ordnung und Auswertung erwächst durch ständige Verfeinerung der ersten Disposition die endgültige Gliederung, die wiederum die Grundlage für das Inhaltsverzeichnis bildet.
Als äußeren Rahmen einer umfangreicheren Arbeit gibt Georg Bangen folgendes Schema:

Titelblatt
Widmung
Vorwort   } können auch in umgekehrter
Inhaltsverzeichnis } Reihenfolge stehen

Abbildungsverzeichnis (dieses evtl. auch vor einem Bildanhang)

Abkürzungsverzeichnis (dieses evtl. auch vor dem Literaturverzeichnis)

Einleitung (Persönliches, z. B. der Dank für Anregungen und Hilfe, gehört nicht in die ›Einleitung‹, sondern in ein ›Vorwort‹)

Haupttext

Schluß (dieser sollte sinnvoll benannt werden, also ›Ergebnisse‹, ›Zusammenfassung‹, ›Ausblick‹ oder ähnlich)

Exkurse

Abbildungen oder Textbeigaben (z. B. die geschlossene Wiedergabe eines bisher ungedruckten Textes aus dem Nachlaß eines Dichters)

Literaturverzeichnis

Register

(bei Dissertationen:) Lebenslauf

> (Georg Bangen: Die schriftliche Form germanistischer Arbeiten. Empfehlungen für die Anlage und die äußere Gestaltung wissenschaftlicher Manuskripte unter besonderer Berücksichtigung der Titelangaben von Schrifttum. 6., durchges. Aufl. Stuttgart: Metzler 1971. S. 9.)

Für das *Titelblatt* gibt es von Fall zu Fall verschiedene Vorschriften. Immer aber werden aufgeführt: der Name des Verfassers, das Thema der Arbeit, die Einrichtung (Seminar, Kurs, Lehrgang und dergleichen), aus der die Arbeit hervorgegangen ist, und der Zeitpunkt der Fertigstellung.

Das *Vorwort*, das nicht wie die Einleitung unmittelbar zum Thema gehört, ist der Ort für persönliche Bemerkungen über Anlaß und Schwierigkeiten der Arbeit, für Danksagungen und dergleichen.

Das *Inhaltsverzeichnis* zeigt den Aufbau der Arbeit. Außer dem Titelblatt, der Widmung und dem Inhaltsverzeichnis selbst (bei Prüfungsarbeiten auch der Selbständigkeitserklärung am Ende) enthält es in knappen Begriffen die Gliede-

…ung nach Teilen, Kapiteln und Abschnitten geordnet, und zwar in wörtlicher Übereinstimmung mit den Überschriften im Text. Die Zählung der Seiten beginnt mit dem Titelblatt, berücksichtigt beim Druckmanuskript ein leeres Blatt nach dem Titelblatt als Impressumseite und läuft durch bis zum letzten Blatt.

Die *Einleitung*, die nicht mehr als ein Fünftel der Arbeit umfassen soll, dient dazu, den Leser mit der Aufgabenstellung bzw. der Zielsetzung der Studie bekannt zu machen. Die Ergebnisse der Vorüberlegungen finden hier ihren Platz: Abgrenzung des Themas, Erläuterung solcher Begriffe, die vorausgesetzt werden müssen, deren Erörterung aber nicht in den Hauptteil gehört, Begründung der Methode, Erklärung des Untersuchungsverfahrens und dergleichen mehr.

Einleitung, *Hauptteil* und Schluß sind an sich nichtssagende Wörter, die darum selbst nicht verwendet werden sollten, sondern durch aufschlußreichere Nennung der aus der besonderen Problemstellung des Themas entwickelten Kategorien ersetzt werden. Kategorien nennt man Grundbegriffe, die einheitliche Zusammenhänge herstellen und auf die alle anderen Begriffe zulaufen. Die Bearbeitungskategorien leiten sich immer von der Eigentümlichkeit des zu behandelnden Gegenstandes her und sind mitunter nicht leicht zu bilden. Oft kann ein vergleichendes Studium der Inhaltsverzeichnisse einschlägiger Fachbücher den Blick für die zentralen Ordnungs- und Bearbeitungsgesichtspunkte schärfen. (Vgl. z. B. die im Anhang S. 87 ff. gegebene systematische Gliederung der literaturwissenschaftlichen Begriffe.)

Mit folgenden allgemeinen Gliederungsgesichtspunkten regt Spandl zur Schöpfung sacheigener Kategorien an:

»Einzelne Gliederungsgesichtspunkte

Definition der Begriffe	Fragen
Erklärung des Wortsinnes	Einwände

Abgrenzung des Problemkreises	Lösungen
Zugrundelegung der Zielvorstellungen	Grenzen
Voraussetzungen	Beispiele

Gefahren	Arten
Anhaltspunkte	Deutungen
Bereiche	Formale, materiale Aufgaben
Folgerungen	Bewertungen
Begründungen	Vergleiche
Vorbehalte	Fehlerquellen
Wirkungsweisen	Begleitphänomene
Hintergründe	Lösungsvorschläge
Rang und Werte	Entstehungsbedingungen
Forderungen	Schwierigkeiten
Prinzipien	Bedeutungen
Merkmale	Vor- und Nachteile
Techniken	Grundtypen
Kriterien	Grundformen
Einstellungen	usw.

Pole als Gliederungsgesichtspunkte

grundsätzlich	– speziell	induktiv	– deduktiv
allgemein	– besonders	anschaulich	– abstrahierend
mittelbar	– unmittelbar	prophylaktisch	– therapeutisch
unterrichtlich	– erziehlich	praktisch	– idealtypisch
historisch	– systematisch	Theorie	– Praxis
empirisch	– spekulativ	Anlage	– Umwelt
intentional	– funktional	Problem	– Lösung
objektiv	– subjektiv	Möglichkeiten	– Grenzen
dynamisch	– statisch	Vorteile	– Nachteile
mechanistisch	– organologisch	usw.	

Schlußfolgerungen als Gliederungsgesichtspunkte

Politischer, psychologischer, soziologischer, anthropologischer,
theologischer, biologischer, marktwirtschaftlicher Aspekt
Weiterführende Probleme
Beitrag der Nachbarwissenschaften
Bedeutung, Bewertung und Behandlung in der Praxis
Nutzanwendung (Grenzen, Voraussetzungen, Wege)
Allgemeine und besondere Maßnahmen usw.«

Bei der Abrundung der Arbeit am *Schluß* bieten sich verschiedene Gedankengänge an, die nach Möglichkeit bereits in der Überschrift des Schlusses angezeigt werden sollten:

»a) Der Schluß faßt das weitläufig behandelte Thema klar zusammen (Zusammenfassung).

b) Der Hauptgedanke der in der Arbeit niedergelegten Ergebnisse wird wiederholt (Wiederholung der Ergebnisse).

c) Getrennt behandelte, nicht unmittelbar zusammenhängende Einzelfragen werden zu einem folgerichtigen Ganzen verknüpft (Verallgemeinerung).

d) Es wird dargelegt, welche Ausblicke sich ergeben könnten, wenn die in der Arbeit niedergelegten Gedanken anerkannt und weiter ausgebaut würden (Ausblick).

e) Im Schlußkapitel kann der Verfasser einer Arbeit auch auf einen Teil der Einleitung zurückgreifen und sich rechtfertigen, auf Grund welcher Überlegungen er sein Thema so eingeengt hat (Rückblick).

Selbstverständlich können diese aufgezeigten Möglichkeiten miteinander verbunden werden.«

(Oskar Peter Spandl: Die schriftliche wissenschaftliche Arbeit. Die Anfertigung von Seminar-, Zulassungs-, Diplom- und Doktorarbeiten. Geretsried: Schuster ⁴1970. S. 48 u. 50.)

Der inneren, sachlich logischen Ordnung einer Arbeit soll eine übersichtliche *äußere Einteilung* entsprechen. Man bezeichnet:

Haupteinteilungen als Teil	und zählt: A, B, C ...
1. Untergliederung als Kapitel	und zählt: I, II, III ...
2. Untergliederung als Abschnitt	und zählt: 1, 2, 3 ...
3. Untergliederung als Absatz	und zählt: a, b, c ...
4. Untergliederung als (Paragraph)	und zählt: α, β, γ ...

Wenigstens Teile und Kapitel sollten mit Überschriften, am besten in Form aussagekräftiger Substantive, versehen werden. Nach diesem *Buchstaben-Ziffern-System* wäre Punkt AI1a der Absatz a aus dem Abschnitt 1 des I. Kapitels im Teil A der Arbeit.

Dieses konservative, gemischte Ordnungssystem wird immer häufiger von der *Dezimalklassifikation* abgelöst, bei der nur arabische Ziffern benutzt werden.

Die Dezimalklassifikation geht auf den Amerikaner Melvil Dewey (1851–1931) zurück und wird bei uns heute durch ein Normblatt des Deutschen Normenausschusses geregelt:

»DIN 1421 Abschnittsnumerierung in Schriftwerken (Jan. 1964)

Das Numerieren der Abschnitte mit arabischen Ziffern ist in gegliederten Schriftwerken, z. B. in Büchern, Aufsätzen, Anweisungen, Normen, zu empfehlen; es läßt die Gliederung klar erkennen und erleichtert das Verweisen auf Abschnitte und Textstellen.

Man kann ein Schriftwerk in Hauptabschnitte (1. Stufe) und diese in Unterabschnitte (2. Stufe) und diese weiter in beliebig vielen Stufen (3. Stufe und weitere) unterteilen. Nach jeder Nummer einer jeden Stufe – auch nach der letzten – wird ein Punkt gesetzt. In allen Stufen ist mit 1. beginnend fortlaufend zu numerieren. Die Ziffer 0 (Null) kann als Abschnittsnummer einer Präambel (Vorwort oder dgl.) benutzt werden.

Beim Zitieren einer Abschnittsnummer wird der Schlußpunkt weggelassen, z. B.: Aus Abschn. 4 ist ersichtlich, daß ... Wie Abschn. 2.2.9 zeigt, ist ...

Unterabschnittsnummern mit der Ziffer 0, wie 01 ... 09, gibt es nicht mehr.

Die mit 1. beginnenden Unterabschnittsnummern können jederzeit mehrstellig erweitert werden; bei der früheren ›Zehnernummerung‹ war eine Erweiterung kaum möglich.

Sprechweise der Abschnittsnummern, z. B. 2.: Abschnitt zwei, 2.2.1.: Abschnitt zwei zwei eins. 2.11.: Abschnitt zwei elf.

Beispiele

1. Stufe	2. Stufe	3. Stufe	
1.	2.1.	2.2.1.	2.11.1.
2.	2.2.	2.2.2.	2.11.2.
3.	2.3.	2.2.3.	2.11.3.
.	.	.	.
.	.	.	.
.	.	.	.
9.	2.9.	2.2.9.	2.11.9.
10.	2.10.	2.2.10.	2.11.10.
11.	2.11.	2.2.11.	2.11.11.
.	.	.	.
.	.	.	. «

(Martin Klein: Einführung in die DIN-Normen. Hrsg. vom Deutschen Normenausschuß. 6., neubearb. u. erw. Aufl. Stuttgart: Teubner 1970. S. 16 f.)

Der herkömmlichen Kennzeichnung AI1a entspricht auf diese Weise die Reihe 1.1.1.1. Eine Vorbemerkung im 5. Kapitel des zweiten Teils einer Arbeit hätte die Kennzeichnung 2.5.0. (Vgl. die Sachgliederung nach der Dezimalklassifikation im Anhang, S. 92 f.).

Kürzere Arbeiten, bei denen fünffache Untergliederung hinreicht, lassen sich bequem nach dem alten Buchstaben-Ziffern-System einteilen. Bei längeren Arbeiten ist zu überlegen, ob die Dezimalklassifikation nicht günstiger ist.

4. Materialauswertung

Die Auswertung des Materials bahnt sich mit seiner Sammlung und Ordnung an. Alle Gedanken zur Auswertung, die beim Sichten und Gliedern aufkommen, werden sofort festgehalten. Dennoch ist es kaum ratsam mit der Auswertung zu früh zu beginnen. Die Hälfte bis zwei Drittel der gesamten Arbeitszeit darf man ruhig an den Aufbau der Material-sammlung wenden. Je breiter das Fundament ist, desto fester steht das Gebäude; je mehr Material man hat, desto besser kann man auswählen.

Wenn aber ein klarer Überblick über das Material gewonnen ist, wenn die Hauptpunkte der Gliederung festliegen und die Gefahr zeitraubender Umdisponierung ausgeschlossen ist, kann das Rohmanuskript aufgesetzt werden.

Man schreibt am besten zügig am Faden der Gliederung entlang auf großen, fortlaufend numerierten Blättern mit breitem Rand und viel Zwischenraum für Korrekturen, Zusätze und Arbeitsbemerkungen. Die Blätter werden nur einseitig beschrieben, damit man sie nötigenfalls zerschneiden und paragraphenweise neu zusammenkleben kann. Man übernimmt die Überschriften aus der Gliederung und untergliedert schreibend weiter in kurze klare Absätze, die je einen Kerngedanken ausbilden und sachlich logisch aufeinander bezogen sind.

Größere Schritte des Gedankenganges sind für den Leser faßlicher, wenn sie deutlich eingeleitet und abgeschlossen werden; etwa nach dem Muster: »Aus dem Vorangehenden ergibt sich die Frage, ob, warum, wie . . .« usw. oder »ob nicht vielleicht, warum nicht . . .« usw. Und dementsprechend nach der Erörterung des Teilproblems: »Aus dem Gesagten folgt . . .«, »zusammenfassend läßt sich sagen . . .« oder: »die Argumente überblickend, kommt man zu dem Schluß, daß . . .«

Solche Positionsanzeigen erleichtern nicht nur die spätere Lektüre, sondern geben bereits dem Verfasser für die Bearbeitung des Schlusses wohlformulierte Teilergebnisse an die Hand. Die Zusammenfassung mancher Dissertation besteht aus nichts anderem als einer Reihe wörtlicher Wiederholungen von gut formulierten Teilergebnissen.

Ein Nürnberger Trichter für die Materialauswertung in der Literaturwissenschaft läßt sich indessen nicht konstruieren. Alle Ratschläge müssen hier angesichts des unbekannten Themas und Materials allgemein bleiben. Vielleicht aber lohnt es sich, Bernhard Asmuths Regeln für die Abfassung textanalytischer Referate zu beachten. Sie helfen dem Anfänger, häufige Fehler zu vermeiden:

»Zwölf Regeln für die Abfassung textanalytischer Referate

1. Anders als beim Schulaufsatz geht es bei einer wissenschaftlichen Arbeit nicht um die Bedeutung der Literatur ›für mich‹, sondern *objektiv* um die Literatur an sich oder ihren allgemeinen gesellschaftlichen Bezug. Von sich selbst sollte der Referent möglichst absehen. Das erfordert keinen völligen Verzicht auf die Ichform, aber doch Zurückhaltung.

2. Halbe Informationen (›meines Wissens‹) sind zulässig, wenn erschöpfende Recherchen nicht zumutbar oder unmöglich erscheinen. Ähnliches gilt für *Vermutungen*, die allerdings objektiv formuliert werden sollten (›dürfte‹, ›vielleicht‹, ›sei es . . . sei es‹). Subjektive Vorsichtsformeln (›nach meiner Ansicht‹, ›gleichsam‹), die nur Unsicherheit dokumentieren, ersetzen nicht die auch hier möglichen Argumente. Wirklich hilfreich sind Vermutungen im übrigen nur als Motor zu weiteren Ergebnissen.

3. Vorsicht bei *Werturteilen*! Der literarische Geschmack unterliegt wie die Kleidermode dem Wandel. Betrachten Sie ältere Texte gerechterweise zunächst durch die Brille der Zeitgenossen. Bedenken Sie die zeit- und gruppenspezifischen Bedingungen damaliger und späterer Stellungnahmen wie auch Ihres eigenen Urteils.

4. Das *Thema* ist genau zu beachten, Wort für Wort zu prüfen und gegen Nachbargebiete klar abzugrenzen. Bei möglichen Mißverständnissen frage man den Seminarleiter.

5. *Fragen und Unterscheiden* sind die Haupttätigkeiten des kritischen Geistes. Sorgen Sie nicht nur für eine vollständige Erfassung des Materials (bei Überlastung lieber das Thema einschränken!), sondern befragen Sie es auch von verschiedensten Gesichtspunkten her. Eine

differenzierte Erfassung von Nuancen ist plakativen Pauschalergebnissen vorzuziehen.

6. Fach*begriffe* (z. B. Ironie, Metapher) werden häufig falsch oder ungenau gebraucht. Jeden verdächtigen Begriff klären, etwa mit Wilperts ›Sachwörterbuch‹! Andererseits sind Begriffsdiskussionen in der Art mancher Oberstufenaufsätze im Referat selbst überflüssig. Die meisten für Anfänger problematischen Begriffe sind objektiv problemlos.

7. Ebenso unnötig sind oft *methodische Bemerkungen*, besonders wenn sie nicht der Darbietung des Materials, sondern dem vorangehenden, meist ganz anders strukturierten Erarbeitungsprozeß gelten. Sagen Sie nicht umständlich, was Sie tun wollen, sondern tun Sie es. Zumindest empfiehlt sich für solche Regiehinweise äußerste Knappheit.

8. Versuchen Sie bei einer Textanalyse der Hauptgefahr der bloßen *Paraphrase* (Inhaltswiedergabe mit anderen Worten) zu entgehen.

9. *Belegen* Sie Ihre Ergebnisse stets durch Textstellen, eventuell durch bloße Stellenangabe ohne Textzitat in den Anmerkungen. Viele Referenten garnieren allerdings ihre Arbeiten mit Zitaten, ohne daß diese ihre Behauptungen wirklich stützen. Zu achten ist also auf die logische Entsprechung von Beleg und Deutung. Reißen Sie im übrigen die Belege nicht ungeprüft aus ihrem Kontext, sondern berücksichtigen Sie die durch Rollensprecher (z. B. im Drama) oder Stellenwert mögliche Relativierung.

10. Meiden Sie die bloße *Eindrucksbeschreibung* von Texten (›ansprechend‹, ›poetisch‹, ›pathetisch‹, ›geistreich‹). Führen Sie Ihre Eindrücke vielmehr auf objektiv (z. B. grammatisch) greifbare Fakten zurück.

11. Wer von formalen Details ausgeht, sollte es umgekehrt nicht bei deren Benennung bewenden lassen. Notwendiges Pendant ist allerdings nicht der persönliche Eindruck, sondern die Frage nach der *Funktion* der Form-

elemente. Zu prüfen wäre etwa, ob sie auf überindividuelle (Gattungsgesetze, Zeitklischees) oder individuelle Faktoren (Eigenschaften, Absichten des Autors) zurückgehen.

12. *Sekundärliteratur* sollte man erst nach Entwicklung eigener Vorstellungen zum Text heranziehen. Im Referat selbst ist ihre Benutzung auf Schritt und Tritt, etwa in Anmerkungen, nachzuweisen. Das Literaturverzeichnis am Ende der Arbeit allein reicht nicht aus.«

(Heinz Geiger, Albert Klein u. Jochen Vogt: Hilfsmittel und Arbeitstechniken der Literaturwissenschaft. Düsseldorf: Bertelsmann 1971. S. 77–79.)

V. Das Manuskript

1. Sprachliche Ausarbeitung

Die Rolle der Sprache in wissenschaftlichen Arbeiten wird von Schülern und Studienanfängern oft unterschätzt. Diese Fehleinschätzung beruht meist auf der Annahme, ein Gegenstand und seine sprachliche Darstellung seien zwei voneinander gänzlich unabhängige Dinge. Es genügt aber, sich einmal den Vorgang sprachlicher Mitteilung in groben Umrissen zu vergegenwärtigen, um die bedeutsame Mittelstellung der Sprache und ihre Verflechtung mit der Sache, dem Sprecher und dem Hörer zu erkennen. Nicht nur hängen Denken und Sprechen sehr eng miteinander zusammen, auch die Vorstellungen, die mitteilend im Hörer oder Leser aufgerufen werden, hängen weitgehend von den benutzten Wörtern, von der besonderen Sprachgebung ab.

Unterschiede im Ausdruck sind zugleich Unterschiede in der Mitteilung. Wir müssen aber so formulieren, daß wir genau das vermitteln, was wir meinen, und nichts anderes.

Die Objektivität setzt voraus, daß alle Erscheinungen und Sachverhalte, über die wir sprechen, begrifflich scharf gefaßt und eindeutig und stimmig benannt werden. Dem Leser gegenüber sind wir verpflichtet, unsere Darstellung so zu ordnen, daß er das Gesagte jederzeit möglichst leicht nachvollziehen kann.

Wie bei gutem literarischem Stil ist auch bei dem wissenschaftlichen Sachstil die Angemessenheit oberster Grundsatz; nur eben, daß hier vorrangig der Sache angemessen wird. Die Beliebigkeit der Wahl im sprachlichen Ausdruck wird dadurch stark eingeschränkt. Wer dennoch glaubt, in einer wissenschaftlichen Abhandlung durch persönliche Extravaganzen glänzen zu müssen, verkennt diesen notwendigen Stilzwang wissenschaftlicher Prosa, wie andererseits jede nachlässige Formulierung ihren Verfasser dem Verdacht aussetzt, verwaschene Gedanken zu haben. Gerade bei literaturwissenschaftlichen Arbeiten wird die Angemessenheit des Stils gern auch als Nachweis fachlicher Kompetenz gewertet. Darum ist es gut, wichtige Beiträge dieser Fachwissenschaft auch einmal unter stilistischem Blickwinkel zu betrachten.

Angemessen sind:	Unangemessen sind:
Sachlichkeit, Zurückhaltung alles Persönlichen. Darum wird der Gebrauch der ersten Pers. Sing. (ich mache das so) umgangen durch Verwendung des Passivs (das wird so gemacht), durch das indefinite Pronomen (man macht das so) oder ein gemeinschaftliches ›Wir‹ (wir machen das so). Der ›pluralis modestatis‹ (wir sind der Ansicht) ist veraltet; besser ist in diesem Falle die dritte Pers. (der Verfasser ist der Ansicht).	Ichbezogenheit, persönliche Extravaganzen und Effekthascherei, Stileitelkeit.
Nüchternheit	Pathos, Rhetorik (Ausrufe, Fragen), blumiger, gefühlsseliger oder schwülstiger Ausdruck.
Substanz Fülle an Tatsachen und Gedanken; Vielfalt an Betrachtungsweisen.	Wortreichtum, Weitschweifigkeit; vorschnelle Verallgemeinerungen und Vereinfachungen.
Begründete Urteile	Vage Meinungen und Ansichten.

Genauigkeit	Unschärfe, Ungenauigkeit im Wort: Redensart, Phrase, Schlag- und Modewort, Floskel, Jargon usw.
Kürze im Ausdruck	Verkürzung der gedanklichen Entwicklung, logische Sprünge.
Überschaubare Sätze mit dem Wesentlichen im Hauptsatz.	Umständliche Perioden aus Schachtel- oder Kettensätzen.
Anschaulichkeit durch Hervorheben des Wesentlichen, durch Beispiel, Vergleich, Gegenüberstellung usw.	Blasse oder leere Abstraktionen.

2. Zitat

Eine besondere Stellung in der literaturwissenschaftlichen Prosa nimmt das Zitat ein. Zitate sind wörtliche Wiedergaben fremder Texte aus Erst- oder Zweitschrifttum, Textausschnitte, die als Beispiel, zur Veranschaulichung, als Ausgangspunkt der Erörterung, zur Bekräftigung der eigenen Meinung und dergleichen mehr herangezogen werden. Für den Umgang mit solchen Textausschnitten gelten strenge Regeln:

Zitate im Text werden in doppelte *Anführungszeichen* gesetzt, Zitate innerhalb eines Zitats in einfache Anführungsstriche.

Zeichensetzung und *Rechtschreibung* des zitierten Textes werden unverändert übernommen. Selbst offensichtliche Fehler dürfen nicht berichtigt werden. Man zeigt statt dessen durch das lateinische Wort ›so‹ [sic] in eckigen Klammern an, daß der Fehler nicht beim Abschreiben entstanden ist.

Auch *Hervorhebungen* des Originals, Sperr-, Kursiv-, Fettdruck usw. müssen wiedergegeben werden. Eigene Hervorhebungen im zitierten Text werden durch die Fußnotenbemerkung: »Hervorhebung vom Verfasser« davon unterschieden.

Kürzungen in einem zitierten Text werden durch drei Punkte in eckigen Klammern [. . .] gekennzeichnet.

Ebenso stehen für das Verständnis notwendige *Ergänzungen* in eckigen Klammern; zum Beispiel »Wollten Sie [Albert] mir wohl zu einer vorhabenden Reise Ihre Pistolen leihen?«

Übernimmt man, wenn einem das Original nicht zugänglich sein sollte, *Zitate aus den Arbeiten anderer Verfasser*, so ist es nötig, zu sagen, bei wem das Zitat gefunden wurde; der zitierte Text ist mit dem Original zu vergleichen, und wenn das nicht möglich ist, muß die Bemerkung »zitiert nach . . .« auf die mittelbare Fundstelle hinweisen.

Die *Quellenangabe* darf in keinem Falle fehlen. Zu den bibliographischen Daten der Titelkarte (vgl. S. 54) kommt hier noch die Seitenzahl.

Es versteht sich von selbst, daß ein Übermaß an Zitaten zu vermeiden ist. Wer wegen einer Belanglosigkeit einen berühmten Mann bemüht, macht sich lächerlich. Noch schlimmer ist es, Textstellen aus ihrem Zusammenhang zu reißen und zu entstellen, indem man nur bis zum ›aber‹ zitiert oder etwa den Rollencharakter der Stelle verschweigt. Redlichkeit ist hier absolutes Gebot.

Noch in einer anderen Hinsicht wird Redlichkeit verlangt: Wer nicht zitiert, sondern Gedanken eines anderen in eigenen Worten wiederholt, ist nicht davon entbunden, zu sagen, von wem die Weisheit stammt. Man vergibt sich nichts mit solchen Eingeständnissen; Belesenheit und die Fähigkeit, gute Gedanken würdigen und in die eigene Arbeit einbeziehen zu können, sind vollgültige wissenschaftliche Leistung.

3. Anmerkung

»In den Anmerkungen finden zunächst alle die Quellenangaben ihren Platz, die für den Text zu umfangreich sind.
Außerdem kann, wenn dies nicht besser im Text geschieht,
in den Anmerkungen auf Vorarbeiten hingewiesen werden,
denen der Verfasser etwa folgt, ohne sie wörtlich zu zitieren. Solche Hinweise (z. B. ›Den folgenden Ausführungen
liegt . . . zugrunde‹ [. . .]) sind eine Dankespflicht und werden durch die Nennung der betreffenden Schrift im Literaturverzeichnis nicht überflüssig. Endlich ist in den Anmerkungen Platz für Ausführungen, die, im Text stehend, den
Gang der Untersuchung stören würden, aber wichtig genug
sind, dem Leser mitgeteilt zu werden. Dabei kann es sich
handeln um die Formulierung von Fragen, die der Verfasser
bewußt machen möchte, ohne ihnen weiter nachgehen zu
können, um die Abwehr möglicher Einwände oder auch
um Hinweise auf Untersuchungen, die, von anderen Fragestellungen ausgehend, zu ähnlichen Ergebnissen kamen.
Adolf Harnack nannte in seinem Vortrag »Über Anmerkungen in Büchern‹ solche Fußnoten ›veredelte Anmerkungen‹ (in: Adolf Harnack: Aus Wissenschaft und Leben. Bd.
I. Gießen: Töpelmann 1911. S. 148–162, bes. S. 161). Durch
die kleinen, aber entschiedenen Fingerzeige oder Obertöne,
die sie gäben, erhalte der Leser ein viel lebendigeres Bild
oder einen feiner und vollständiger ausgeführten Gedanken. Von dieser Möglichkeit soll man aber nur dann Gebrauch machen, wenn derartige Hinweise im Text selbst die
Verfolgung des Hauptgedankens störend unterbrächen.
Harnack schloß seinen Vortrag mit Geboten für den Gebrauch von Anmerkungen, die so beherzigenswert sind,
daß wir sie hier wiederholen möchten:

1. Fasse deinen Text so, daß er auch ohne die Anmerkungen ge-
   lesen werden kann.
2. Vergiß nicht, daß es auch Parenthesen im Texte gibt und Exkurse am Schlusse des Buchs, welche Anmerkungen ersetzen
   können.

3. Sei sehr sparsam mit Anmerkungen und wisse, daß du deinem Leser Rechenschaft geben mußt für jede unnütze Anmerkung; er will in deinen Anmerkungen ein Schatzhaus sehen, aber keine Rumpelkammer.
4. Halte dich nicht für zu vornehm, um Anmerkungen zu machen, und wisse, daß du niemals so berühmt bist, um dir Beweise ersparen zu können.
5. Schreibe keine Anmerkung, weil du in der Darstellung etwas vergessen hast; schreibe überhaupt die Anmerkungen nicht nachträglich.
6. Schreibe nichts in die Anmerkung, was den Text in Frage stellt, und schreibe auch nichts hinein, was wichtiger ist als der Text.
7. Betrachte die Anmerkungen nicht als Katakomben, in denen du deine Voruntersuchungen beisetzest, sondern entschließe dich zur Feuerbestattung.
8. Mache die Anmerkungen nicht ohne Not zum Kampfplatz; tust du es, so stelle deinen Gegner so günstig auf wie dich selbst.
9. Versuche es, die Kunst zu lernen, durch Anmerkungen die lineare Form der Darstellung zu ergänzen, Akkorde anzuschlagen und Obertöne zu bringen; aber spiele kein Instrument, das du nicht verstehst, und spiele dieses Instrument nur, wenn es nötig ist.
10. Stelle die Anmerkungen stets dorthin, wohin sie gehören, also nicht an den Schluß des Buchs – es sei denn, daß du eine Rede drucken läßt – [. . .]

Die letzte dieser Regeln wird häufig nicht beachtet und ist auch angefochten worden. Gewiß erfordert es bei maschinenschriftlichen Arbeiten erhöhte Sorgfalt und Aufmerksamkeit, die Seiten so zu beschriften, daß die zugehörigen Fußnoten noch Platz finden. Trotzdem sollte der Schreiber sich diese Mühe machen, da das stete Blättern zum Aufsuchen etwa angehängter Anmerkungen die Lektüre störend unterbricht und überaus lästig ist.
Lediglich in Manuskripten, die für den normalen Buchdruck bestimmt sind, fügt man die Anmerkungen am Schluß der Arbeit an, da sich beim Satz die Verteilung auf die Seiten ohnehin ändert und es für den Setzer einfacher

ist, die Fußnoten, die ja immer in einem kleineren Schriftgrad gesetzt werden, zunächst hintereinander zu setzen. Dazu ist es zweckmäßig, sie durchzunumerieren, und zwar mit arabischen Zahlen. Mittels zusätzlicher Buchstaben können auch bei der Durchnumerierung später noch einzelne Fußnoten eingefügt werden. Ist die Arbeit sehr lang, zählt man die Anmerkungen kapitelweise durch. In diesem Fall müssen sie aber in der endgültigen Gestalt – sei es Druck oder Reinschrift – unbedingt als Fußnoten erscheinen. Keinem Leser kann stets bewußt sein, den wievielten Abschnitt einer Arbeit er gerade liest; es ist unzumutbar, daß er aus mehreren Reihen Anmerkungen (zu Kap. 1, 2, 3 usf.) jeweils erst die richtige Reihe heraussuchen muß.«

(Georg Bangen: Die schriftliche Form germanistischer Arbeiten. 6., durchges. Aufl. Stuttgart: Metzler 1971. S. 24–26.)

4. Literaturverzeichnis

Auch bei kleineren Arbeiten sollte die benutzte Literatur in einem Verzeichnis am Ende angegeben werden. Die Mühe, ein solches Verzeichnis zusammenzustellen, ist gering, wenn man dabei auf eine Titelkartei zurückgreifen kann (vgl. Kap. III, 8, S. 56 f.; auch S. 54). Man zieht alle Karten der Bücher heraus, aus denen man zitiert oder Anregungen bekommen hat, und ordnet alphabetisch nach:
Quellen (Primärliteratur), wenn nötig getrennt:
Gesammelte Werke, Einzelwerke, Teilsammlungen, Anthologien
Darstellungen (Sekundärliteratur), wenn nötig getrennt:
allgemeine Hilfsmittel, spezielle Literatur.
Nach den geordneten und mit Überschriften versehenen Karten kann man das Verzeichnis zügig schreiben. Nur bei sehr langen Literaturverzeichnissen ist zu überlegen, ob eine chronologische oder systematische Ordnung der Titel, vielleicht nach den Kapiteln der Arbeit, sinnvoller ist.

5. Maschinenreinschrift

Die hier empfohlene Form hat sich aus Erfahrung und Gebrauch entwickelt. Die sehr genaue Festlegung sollte nicht als kleinliche Vorschrift angesehen werden, sondern als sicherer Weg zu einem zweckmäßigen und ästhetischen Manuskript. Im Interesse der Einheitlichkeit sei daher geraten, alle persönlichen Abwandlungen dieses Formvorschlags – die wohl möglich sind – in ähnlicher Weise festzuhalten.

Für das Manuskript von Seminar- und Zulassungsarbeiten nimmt man rein weißes *Papier* vom Format DIN A 4 mit einem Gewicht von mindestens 70 g/qm. Die Blätter werden mit schwarzem Farbband und schwarzem Kohlepapier nur einseitig beschrieben. Dabei ist auf Sauberkeit der Maschinentypen zu achten.

Der *Schriftspiegel* der normal beschriebenen Seite mißt 14,5 cm x 23 cm. Der Rand beträgt oben und auf der linken Seite je 4 cm, rechts 2 cm und unten 2,5 cm. Das heißt, bei Normaltypen (10 Zeichen pro Zoll) beginnen wir auf der 10. einfachen Zeile vom oberen Papierrand auf dem 16. Anschlag vom linken Papierrand. Die normale Zeile hat dann 57 Anschläge. Ein etwas stärker gezackter rechter Rand des Schriftspiegels ist besser als häufige und ungeschickte Worttrennungen. Näher als einen Zentimeter sollte man dem Rand aber nicht kommen. Eng geschrieben, gehen 54 Zeilen, bei der üblichen anderthalbzeiligen Beschriftung 36 Zeilen auf eine Seite. Da die Zeilen bei unterschiedlichen Abständen und Zwischenräumen schlecht zu zählen sind, empfiehlt es sich, den Bogen vor dem Einspannen links 2,5 cm vom unteren Rand mit einem Bleistiftstrich zu markieren, damit man voraussieht, wann die Seite voll ist. Die Achse des Schriftspiegels ist der 29. Anschlag der Zeile bzw. der 44. Anschlag vom linken Papierrand.

Die *Seitenzahl* steht entweder mitten über der Seite oder in der rechten oberen Ecke, je 2 cm vom Papierrand. Das heißt also, auf der 5. einfachen Zeile vom oberen Rand auf dem 29. oder 57. Anschlag (Tabulator benutzen!). Die zentrierte

Seitenzahl setzt man gewöhnlich zwischen zwei Gedanken striche, die je durch ein Spatium (Leeranschlag) von de Ziffer entfernt sind. Trägt die zu numerierende Seite ein Kapitelüberschrift, so setzt man die zentrierte Seitenzahl a den Fuß der Seite, als 29. Anschlag auf die 57. einfache Zeil vom oberen Papierrand; das entspricht der 3. einfache Zeile nach der Schlußmarkierung am linken Rand. Bei de Numerierung in der rechten oberen Ecke entfällt die Sei tenzahl in diesem Fall.

Die *Überschrift* jedes neuen Kapitels steht in Großbuchsta ben und ohne Schlußpunkt zentriert auf die 12. einfache Zeile vom oberen Papierrand; der Text beginnt dann auf de 17. einfachen Zeile. Die *mehrzeilige Überschrift* wird eng zeilig geschrieben. Der Text beginnt dann entsprechen weiter unten, immer auf der 5. einfachen Zeile nach de letzten Überschriftszeile.

Die *Überschrift von Unterabschnitten* mit Normalbuchsta ben und ohne Punkt folgt der Überschrift bzw. dem vor ausgehenden Text nach 3,5 Leerzeilen (d. h. dreimal andert halbzeilig weiterschalten) und hat von dem nachfolgende Text einen Abstand von 2 Leerzeilen (d. h. zweimal andert halbzeilig schalten).

Der normale *Text* wird anderthalbzeilig geschrieben. A Kapitel- und Absatzanfang rückt man die Zeile um 5 Spa tien ein. Der Zeilenabstand wird beim Absatz nicht verän dert.

Die *Fußnote* kommt unter den Fußnotenstrich, eine ge schlossene Linie aus 15 Anschlägen, zu stehen, die der letz ten Zeile des Normaltexts nach einfachem Zeilenabstan folgt. Die Fußnotenzahl wird 3 Spatien eingerückt und ha vom Strich anderthalb Zeilen Abstand, während der Fuß notentext erst eine weitere Halbzeile tiefer, nach einem wei teren Spatium und immer mit einem großen Buchstaben be ginnt. Der Fußnotentext wird engzeilig geschrieben und stets mit einem Punkt besiegelt. Oben, im Normaltext wird die Fußnotenzahl ebenfalls eine Halbzeile höher ge stellt. Bezieht sich die Fußnote auf ein Wort oder einen Tei les Satzes, so steht die Fußnotenzahl vor einem etwa vorhandenen Satzzeichen, bezieht sie sich auf den ganzen Satz, folgt die Zahl dem Schlußpunkt. Wenn das Fußnotenstichwort sehr weit unten auf der Seite steht, kann es nötig werden, den Fußnotentext auf dem folgenden Blatt fortzusetzen. Längere Exkurse indessen gehören in den Anhang, andererseits dürfen kurze Stellenangaben der Belege und Zitate (Seitenzahlen) ruhig im Normaltext stehen.

Ist der Text, an den sich die Fußnote anschließt, engzeilig geschrieben, dann folgt die Zahl auf derselben Zeile in runden Klammern. – Der Text der zweiten Fußnote hat von der vorausgehenden 2 Zeilen Abstand.

Zitate, die nur aus einer Verszeile bestehen oder nicht länger sind als 3 bis 4 Manuskriptzeilen, werden in doppelten Anführungszeichen dem Normaltext eingefügt. Längere Zitate dagegen werden ohne Anführungszeichen vom Normaltext abgesetzt, indem man 2 einfache Zeilen vorher und nachher frei läßt. Man schaltet zweimal bei anderthalbzeiliger Einstellung und stellt den Hebel dann sofort auf einzeiligen Abstand. Das so abgesetzte Material wird am linken Rand um 5 Spatien eingerückt.

Absätze des engzeiligen Textes werden um weitere 3 Spatien eingerückt.

Handelt es sich bei dem Zitat um ein Gedicht, so wird der Schriftblock zentriert. Bei Odenstrophen und Distichen werden die Einrückungen der Vorlage übernommen, desgleichen bei Gedichten mit besonderer typographischer Form, wie dem folgenden:

Der Geist ist Licht
und im Gedicht
als Sinn
drin
,
doch
vom Joch
zu strenger Form
sehr oft verdorm.

Bei allen Belegen und Zitaten müssen unbedingt Quelle und Stelle angegeben werden.

Über das *Zitieren von Titeln* informiert man sich am besten bei Bangen[1]. Bangen richtet sich nach den Preußischen Instruktionen[2] und den Vorschriften des Deutschen Normenausschusses[3]. Ewald Standop[4] folgend, kann man zur Verdeutlichung in dem Schema auf Seite 54 die Haupttitel von Büchern und Zeitschriften auch unterstreichen (das heißt, die Haupttitel werden kursiv gedruckt).

Für Bücher, auf die man sich oft beruft, lohnt es sich, Kurztitel oder Abkürzungen, sogenannte Sigel einzuführen, die dann allerdings im Literaturverzeichnis oder im Abkürzungsverzeichnis aufgelöst werden müssen. Man könnte zum Beispiel an die erste Fußnote auf dieser Seite den Vermerk anhängen: Nachfolgend zitiert als: Bangen; bzw. Bangen: *Form.* Nicht verwendet werden sollten dagegen die alten Abkürzungen ibid. (von lat. ibidem = ebenda) oder a. a. O. (am angegebenen Orte). Diese Verweise sind für den Leser umständlicher und oft verwirrend.

In absehbarer Zeit werden Manuskripte wohl nicht mehr auf mechanischen, elektrischen oder elektronischen Schreibmaschinen, sondern nur noch durch Computerdrucker erstellt. Wortverarbeitungsprogramme wie *Word* oder *WordPerfect* erlauben in Verbindung mit dem sogenannten *Desktop-Publishing* (DTP) jedem Verfasser die

1. Georg Bangen: Die schriftliche Form germanistischer Arbeiten. Empfehlungen für die Anlage und die äußere Gestaltung wissenschaftlicher Manuskripte unter besonderer Berücksichtigung der Titelangaben von Schrifttum. 6., durchges. Aufl. Stuttgart: Metzler 1971. S. 42–90.
2. Instruktionen für die alphabetischen·Kataloge der preußischen Bibliotheken vom 10. Mai 1899. 2. Ausg. in der Fassung vom 10. August 1908. Unveränderter Nachdr. Wiesbaden: Harrassowitz 1961.
3. DIN 1505 vom Dezember 1961. Titelangaben von Schrifttum. Vgl. auch DIN 1502 vom Juni 1931, Februar 1955 und August 1969. DIN-Blätter sind zu beziehen durch den Beuth-Vertrieb GmbH, 1 Berlin 30, Burggrafenstr. 4–7.
4. Die Form der wissenschaftlichen Arbeit, 3., verb. Aufl. Dortmund: Lensing 1965. Vgl. auch: The MLA Style Sheet. Second Edition. Hrsg. von The Modern Language Association of America. New York 1970.

Herstellung halbprofessioneller Druckerzeugnisse. Allerdings verlangt die ästhetisch befriedigende Ausschöpfung der Möglichkeiten moderner Computerdrucker spezifisches Fachwissen. Vgl. diesbezüglich: Philipp Luidl: *Desktop-Knigge*. Setzerwissen für Desktop-Publisher. München: e-wi 1988.

6. Ergänzung und Korrektur

Im Zuge der Arbeit wird man immer wieder auf Kleinigkeiten stoßen, die nicht sofort erledigt werden können, die zwar unentbehrlich, aber nicht wichtig genug sind, daß sie den Gang der Arbeit aufhalten dürften. Für solche nachzuholenden Handgriffe und Lücken im Manuskript, die allzuleicht vergessen werden, lohnt es sich ein besonderes Notizblatt anzulegen. Zum Beispiel:

Seite Nachtrag:

x   3 Gebrauch des Wortes . . . überprüfen
    11 sachliche Rückfrage wegen . . . bei . . .
x 12 Lebensdaten von . . . ermitteln und einfügen
x 23 ungesichertes Zitat: historisch-kritische Ausgabe zum
       Vergleich heranziehen, eventuell Zitat austauschen
    31 Seitenzahl für den Querverweis nachtragen
    33 als Fußnote anmerken, daß . . .
x 33 Ablichtung von . . . einfügen

Man sieht auf diese Weise mit einem Blick, was noch fehlt. Die mit x gekennzeichneten Aufgaben lassen sich jetzt vielleicht mit einem einzigen Gang in die Bibliothek erledigen. Wenn alle Seitenzahlen abgehakt sind, hat man die Gewißheit, nichts vergessen zu haben.

Die Teile der Arbeit, die man zuletzt schreiben wird, sind das Vorwort, das Literaturverzeichnis, das Abkürzungsund Abbildungsverzeichnis, das Inhaltsverzeichnis mit den Seitenzahlen und das Titelblatt.

Nach Vervollständigung des Manuskripts wird man die Arbeit mit dem Blick auf sachliche und sprachliche Richtigkeit der Darstellung im Zusammenhang lesen, eine Selbstdisziplinierung, die, wie neue Fehlertypen zeigen, vor allem bei der Fließtextbearbeitung am Computer unerläßlich ist. Die Überprüfung der Orthographie und Interpunktion sowie der Zitate verlangt einen eigenen Durchgang, möglichst in kleinen Abschnitten. Zudem wäre es gut, wenn man das Manuskript eine gewisse Zeit liegen lassen könnte, um es aus größerem Abstand noch einmal zu lesen, ehe man es aus der Hand gibt.

VI. Anhang

1. Gliederungsbeispiele

a) Systematische Gliederung literaturwissenschaftlicher Begriffe nach der »Poetik in Stichworten« von Ivo Braak

A. Gesamtbezeichnungen
- (1) Dichtung
- (2) Literatur
  - (3) Literaturwissenschaft
  - (4) Literaturgeschichte
    Epochen der deutschen Literaturgeschichtsschreibung und der Dichtungstheorie
    - Mittelalter
    - Humanismus und Renaissance
    - Barock und Aufklärung
    - Geniezeit und Klassik
    - Romantik
    - 19. Jahrhundert
    - 20. Jahrhundert
  - (5) Dichtungswissenschaft
  - (6) Poetik

I. Stilform
- (7) Stil
- (8) Stilmittel
  - (9) Bilder
    - I. Tropik
    - II. Metapher
    - III. Metonymie
    - IV. Bild
      - Einfaches, geschlossenes Bild
      - Vergleich
      - Symbol
      - Chiffre
    - V. Topik
  - (10) Figuren
    - I. Wortfiguren
      - Nachdrücklichkeit

Zeilenstil und Hakenstil
Diärese und Zäsur
Versschluß
Taktreihen

(19) Epik
    I. Kurzepik
       Märchen
       Sage
       Legende
       Schwank
       Anekdote
       Geschichte
       Erzählung
       Kurzgeschichte
       Jugendliteratur
   II. Großepik
       Epos
       Volksbuch
       Roman
       Novelle
(20) Dramatik
    I. Das Dramatische
       Dramatisches Wort
       Dramatische Handlung
       Dynamik
       Aktivität
       Dialog
       Figur
       Struktur
   II. Theatralische Darstellung
       Bühne
       Mimus
       Maske
  III. Hauptformen des Dramas
       Tragödie
          Griechische Tragödie
          Tragödie
          Historisches Ideendrama
          Bürgerliches Trauerspiel
          Soziales Drama
          Schauspiel
       Komödie
          Antike Komödie
          Charakterkomödie
          Intrigenkomödie

        Situationskomödie
        Dramatische Satire
    Tragikomödie
    Lustspiel
        Comédie larmoyante
        Unterhaltungslustspiel
        Romantisches Lustspiel
        Konversationslustspiel
        Dramatischer Schwank
    Sonderformen des Dramas
        Volksstück
        Tendenzstück
        Formen in Verbindung mit Musik
        Hörspiel
        Film
        Fernsehspiel

> (Ivo Braak: Poetik in Stichworten. Literatur-
> wissenschaftliche Grundbegriffe. Eine Ein-
> führung. 3., neubearb. u. erw. Aufl. Kiel:
> Hirt 1969. S. 8–12.)

b) Gliederung der Sprachwissenschaft, Philologie, der
   Schönen Literatur und Literaturwissenschaft nach der
   Kleinstausgabe der Dezimalklassifikation

Die Dezimalklassifikation (DK) ordnet das Wissen durch
systematische Gruppierung der Ziffern 0 1 2 . . . 9. Sie ist
unabhängig von der Sprache und wird deshalb seit Jahr-
zehnten international angewendet. Jede DK-Zahl bezeichnet etwas Bestimmtes. [. . .]
Die erste Ziffer einer DK-Zahl kennzeichnet die Hauptabteilung.

0 Allgemeines	4 nicht belegt*
1 Philosophie	5 Mathematik. Naturwissen-
2 Religion. Theologie	schaften
3 Sozialwissenschaften. Recht.	6 Angew. Wissenschaften.
Verwaltung	Medizin. Technik.

* Die Fachgebiete der Hauptgruppe 4 wurden in 8 eingeordnet. Hauptgruppe 4 wird freigehalten für Fachgebiete, die nur durch Neugliederung von
Grund auf revidiert werden können.

7	Kunst. Kunstgewerbe. Photographie. Musik. Spiel. Sport	kunstwerke). Literaturwissenschaft
8	Sprachwissenschaft. Philologie. Schöne Literatur (Wort-	
		9 Heimatkunde. Geographie. Geschichte.

Dann folgen die Ziffern zum Unterteilen der Hauptabteilung. Ist eine Hauptabteilung weitgehend unterteilt, so stehen nicht mehr als 3 Ziffern beieinander, hinter denen zwecks guter Übersicht ein Punkt gesetzt wird. [. . .]
DK-Zahlen werden als einzelne Ziffern (wie Dezimalzahlen hinter dem Komma) gesprochen; wo ein Punkt (zur Abtrennung) steht, wird eine kurze Sprechpause gemacht.

(Martin Klein: Einführung in die DIN-Normen. Hrsg. vom Deutschen Normenausschuß. 6., neubearb. u. erw. Aufl. Stuttgart: Teubner 1970. S. 14.)

8   Sprachwissenschaft. Philologie. Schöne Literatur.
    Literaturwissenschaft
 80   Sprachwissenschaft. Philologie
800   Allgemeines
  .1   Sprachphilosophie
  .2   Urformen und zeitliche Entwicklungsstufen der Sprachen
       und Sprachstämme
  .6   Sprachrichtigkeit. Sprachreinheit
  .7   Sprachunterricht und Sprachstudium im allgemeinen
  .8   Allgemeine Einleitung der Sprachen. Sprachenklassen.
       Sprachengattungen
801   Allgemeine Sprachwissenschaft und Philologie. Sprachwissenschaft im eigentlichen Sinne
  .1   Rechtschreibung. Orthographie
  .3   Lexikologie. Wörterbücher. Namenforschung. Wörterforschung
  .4   Phonetik. Lautlehre. Lautphysiologie
  .5   Grammatik
  .6   Metrik. Prosodie. Verslehre
  .7   Hilfswissenschaften der Philologie
  .8   Quellen der Philologie und Sprachwissenschaft. Textsammlungen

> (Karl Fill: Einführung in das Wesen der De-
> zimalklassifikation. 3., völlig neu bearb.
> Aufl. mit einem Anhang: Kleinstausgabe der
> Dezimalklassifikation. Hrsg. vom Deut-
> schen Normenausschuß, Ausschuß für Klas-
> sifikation. Berlin: Beuth 1969. S. 97 f.)

2. *Abkürzungen*

Abkürzungen sollten nach Möglichkeit nur in den Fußnoten und den bibliographischen Angaben verwendet werden, und auch da nur solche Abkürzungen, die unmißver-
ständlich und leicht aufzulösen sind.
Eine Liste allgemeiner Abkürzungen bieten unter anderen
der »Duden« und Gerhard Wahrigs »Deutsches Wörterbuch«; Titelwortabkürzungen empfiehlt das Formblatt
DIN 1502; Abkürzungen bibliographisch-technischer
Ausdrücke ordnen die »Preußischen Instruktionen«, in
englischer Sprache das »MLA Style Sheet«.
Die nachstehende Zusammenstellung folgt im wesentlichen
den »Preußischen Instruktionen«. Abweichend von diesen
wird auch dann ein Abkürzungspunkt gesetzt, wenn der
letzte Buchstabe des abgekürzten Wortes erhalten bleibt
(z. B. bei Bd., Jg.).

a. a. O.	am angegebenen (angeführten) Ort	D. N.	Deutsche Nationalbibliographie
Abb.	Abbildung(en)	durchges.	durchgesehen
Abdr.	Abdruck	EA	Erstausgabe
Abh.	Abhandlung	ebd.	ebenda, an
Abschn.	Abschnitt		gleicher Stelle
Abt.	Abteilung	ed./Ed.	ediert, edited,
Anh.	Anhang		edition/Edition
AK	alphabetischer Katalog	ed. cit.	editio citata = in der angeführten
Anm.	Anmerkung		Ausgabe
App.	Appendix	e. g.	exempla gratia =
Arch.	Archiv		zum Beispiel
Aufl.	Auflage	Einl.	Einleitung
Ausg.	Ausgabe	einschl.	einschließlich
ausgew.	ausgewählt	erg.	ergänzt
Bd./Bde.	Band/Bände	erl.	erläutert
bearb.	bearbeitet	ersch.	erschienen
bed. verm.	bedeutend vermehrt	erw.	erweitert
		evt./evtl.	eventuell
begr.	begründet	F.	Folge
Beih.	Beiheft	f./ff.	folgende/
Beil.	Beilage		folgende (Plural)
Beitr.	Beitrag	Faks.	Faksimile
bes.	besonders	fortges.	fortgesetzt
Bibl.	Bibliothek (Bibliographie)	gedr.	gedruckt
		gest.	gestochen
Bibliogr.	Bibliographie	gez.	gezeichnet
Biogr.	Biographie	g/qm	Gramm pro
Bl.	Blatt		Quadratmeter
bzw.	beziehungsweise	griech.	griechisch
cf.	confer = vergleiche	H.	Heft
		Habil. Schr.	Habilitationsschrift
dargest.	dargestellt		
dgl.	dergleichen	Hrsg./hrsg.	Herausgeber/
d. h.	das heißt		herausgegeben
d. i.	das ist	Hs./Hss.	Handschrift/
DIN	Deutsche Industrie-Norm		Handschriften
		ib./ibid.	ibidem = ebenda
Diss.	Dissertation	i. e.	id est = es ist,
DK	Dezimalklassifikation		das heißt
		ill.	illustriert

Jahresverz.	Jahresverzeichnis	Red.	Redaktion, Redakteur
Jb.	Jahrbuch		
Jg.	Jahrgang	red. Mitarb.	redaktionelle Mitarbeit
Jh./Jhdt.	Jahrhundert		
Kap.	Kapitel	Repr.	Reprint, Nachdruck
Lex.	Lexikon		
Lfg.	Lieferung	rev.	revidiert
Lit.	Literatur	S.	Seite
loc. cit.	loco citato = am angeführten Ort	s.	siehe
		Samml.	Sammlung
Masch. Schr.	Maschinenschrift	Sing.	Singular
masch.	maschinenschriftlich	Sp.	Spalte
		Suppl.	Supplement
Mitarb.	Mitarbeiter	s. v.	sub voce = unter dem Stichwort
Mitw.	Mitwirkung		
Ms./Mss.	Manuskript/ Manuskripte	SWK	Schlagwortkatalog
		SyK	systematischer Katalog
Nachdr.	Nachdruck		
Nachw.	Nachwort	T.	Teil
Neudr.	Neudruck	t.	tome = Band
N. F.	Neue Folge	Tab.	Tabelle
Nr.	Nummer	Taf.	Tafel
o. J.	ohne Jahresangabe	Tl.	Teil
		u.	und
o. O.	ohne Ortsangabe	u. a.	und andere, unter anderem
Orig.	Original		
p./pp.	pagina, page/paginae, pages = Seite/Seiten	u. ä.	und ähnliche(s)
		Übers./übers.	Übersetzer/ übersetzt
passim	hier und dort, an mehreren Stellen	übertr.	übertragen
		u. d. T.	unter dem Titel
period.	periodisch	umgearb.	umgearbeitet
Pers.	Person	u. ö.	und öfter
PMLA	Publications of the Modern Language Association of America	usf.	und so fort
		usw.	und so weiter
		u. U.	unter Umständen
praef.	praefatio = Vorwort	u. v. a.	und viele andere
		Verb.	Verbindung
Pron.	Pronomen	verb.	verbessert
publ.	published = veröffentlicht	Verf.	Verfasser
		Verl.	Verlag

verm.	vermehrt	Vorr.	Vorrede
Verz.	Verzeichnis	Vorw.	Vorwort
vgl.	vergleiche	Weltlit.	Weltliteratur
Vol.	Volume, volumen	Zs.	Zeitschrift
	= Band	zsgest.	zusammengesellt
Vorb.	Vorbereitung	z. B.	zum Beispiel

3. Literaturverzeichnis

Bangen, Georg: Die schriftliche Form germanistischer Arbeiten. Empfehlungen für die Anlage und die äußere Gestaltung wissenschaftlicher Manuskripte unter besonderer Berücksichtigung der Titelangaben vor Schrifttum. 6., durchges. Aufl. Stuttgart: Metzler 1971. (Realienbücher für Germanisten. Abt. B: Literaturwissenschaftliche Methodenlehre. M 13.)

Braak, Ivo: Poetik in Stichworten. Literaturwissenschaftliche Grundbegriffe. Eine Einführung. 3., neubearb. u. erw. Aufl. Kiel: Hirt 1969.

Descartes, René: Abhandlung über die Methode des richtigen Vernunftgebrauchs und der wissenschaftlichen Wahrheitsforschung. Ins Deutsche übertr. von Kuno Fischer. Stuttgart: Reclam 1961. (Reclams UB Nr. 3767.)

Diederichsen, Uwe: Einführung in das wissenschaftliche Denken. Düsseldorf: Werner 1970. (Werner-Studien-Reihe.)

Fill, Karl: Einführung in das Wesen der Dezimalklassifikation. 3., völlig neu bearb. Aufl. mit einem Anhang: Kleinstausgabe der Dezimalklassifikation. Hrsg. vom Deutschen Normenausschuß, Ausschuß für Klassifikation. Berlin: Beuth 1969.

Geiger, Heinz, Albert Klein u. Jochen Vogt: Hilfsmittel und Arbeitstechniken der Literaturwissenschaft, Düsseldorf: Bertelsmann Universitätsverlag 1971. (Grundstudium Literaturwissenschaft. Hochschuldidaktische Arbeitsmaterialien. Bd. 2.)

Hansel, Johannes: Bücherkunde für Germanisten. Studienausgabe. 8., neubearb. Aufl. Bearb. von Lydia Tschakert. Berlin: Schmidt 1983.

Harnack, Adolf: Aus Wissenschaft und Leben. Bd. 1. Gießen: Töpelmann 1911.

Heyde, Johannes Erich: Technik des wissenschaftlichen Arbeitens. Mit einem ergänzenden Beitrag »Dokumentation« von Heinz Siegel. 10., durchges. Aufl. Berlin: Kiepert 1970.

Instruktionen für die alphabetischen Kataloge der preußischen Bibliotheken vom 10. Mai 1899. 2. Ausg. in der Fassung vom 10. August 1908. Unveränderter Nachdr. Wiesbaden: Harrassowitz 1961.

Klein, Martin: Einführung in die DIN-Normen. Hrsg. vom Deutschen Normenausschuß. 6., neubearb. u. erw. Aufl. Stuttgart: Teubner 1970.

Kliemann, Horst: Anleitungen zum wissenschaftlichen Arbeiten. Eine Einführung in die Praxis. Unter Mitwirkung von Manhard Schütze durchgreifend überarb. u. hrsg. von Heinz Steinberg. Freiburg: Rombach 1970. (rombach hochschul paperback. Bd. 15.)

Raabe, Paul: Einführung in die Bücherkunde zur deutschen Literaturwissenschaft. Mit 13 Tabellen im Anhang. 10., unveränderte Aufl. Stuttgart: Metzler 1984. (Realienbücher für Germanisten. Abt. B: Literaturwissenschaftliche Methodenlehre. M 1.)

Rückriem, Georg, Joachim Stary u. Norbert Franck: Die Technik wissenschaftlichen Arbeitens. Praktische Anleitung zum Erlernen wissenschaftlicher Techniken am Beispiel der Pädagogik – unter besonderer Berücksichtigung gesellschaftlicher und psychischer Aspekte des Lernens. Paderborn. Schöningh 1977. (UTB. Bd. 724.)

Schischkoff, Georgi (Hrsg.): Philosophisches Wörterbuch. Begr. von Heinrich Schmidt. 20., neu bearb. Aufl. Stuttgart: Kröner 1978. (Kröners Taschenausgabe. Bd. 13.)

Spandl, Oskar Peter: Die schriftliche wissenschaftliche Arbeit. Die Anfertigung von Seminar-, Zulassungs-, Diplom- und Doktorarbeiten. Geretsried: Schuster ⁴1970. (Studienhilfen für Universitäten und Hochschulen. Bd. 4.)

Standop, Ewald: Die Form der wissenschaftlichen Arbeit. 3., verb. Aufl. Dortmund: Lensing 1965.

The MLA Style Sheet. Second Edition. Hrsg. von The Modern Language Association of America. New York 1970.

Wahrig, Gerhard (Hrsg.): Deutsches Wörterbuch. Hrsg. in Zusammenarbeit mit zahlreichen Wissenschaftlern und anderen Fachleuten. Mit einem »Lexikon der deutschen Sprachlehre«. Ungekürzte Sonderausg. Gütersloh: Bertelsmann 1968.

Wilpert, Gero von: Sachwörterbuch der Literatur. 7., verb. u. erw. Aufl. Stuttgart: Kröner 1989.

Eine umfangreiche Bibliographie zu den Problemen wissenschaftlicher Arbeit findet sich bei Heyde: Technik des wissenschaftlichen Arbeitens, S. 176–226.

Arbeitstexte für den Unterricht

Philipp Reclam jun. Stuttgart